培养务实学习的 N个法则

的

上

PEIYANG
WUSHIXUEXIDE
N GEFAZE

孙丽红◎编著

中国出版集团

现代出版社

图书在版编目(CIP)数据

培养务实学习的 N 个法则(上) / 孙丽红编著. —北京：现代出版社，2014.1

ISBN 978-7-5143-2112-8

Ⅰ. ①培…　Ⅱ. ①孙…　Ⅲ. ①学习方法 – 青年读物 ②学习方法 – 少年读物　Ⅳ. ①G791 – 49

中国版本图书馆 CIP 数据核字(2014)第 008507 号

作　　者	孙丽红
责任编辑	王敬一
出版发行	现代出版社
通讯地址	北京市安定门外安华里 504 号
邮政编码	100011
电　　话	010 – 64267325 64245264(传真)
网　　址	www.1980xd.com
电子邮箱	xiandai@cnpitc.com.cn
印　　刷	唐山富达印务有限公司
开　　本	710mm×1000mm　1/16
印　　张	16
版　　次	2014 年 1 月第 1 版　2023 年 5 月第 3 次印刷
书　　号	ISBN 978-7-5143-2112-8
定　　价	76.00 元(上下册)

目 录

第一章 学习的道路上没有捷径

第二章 学习能力,重在培养

第三章　把握学习规律,成功零距离(上)

第一章 学习的道路上没有捷径

第一节 实际为起点，树立奋斗目标

一个人追求的目标越高，他的才能就发展得越快，对社会越有益，我确信这也是一个真理。

——高尔基

一个人没有理想，生活就没有重心，就缺少朝气。为自己建立一个正确的目标，朝这个目标去努力追求，生活自然就会充实而有意义。

——罗兰

学生时代是人生的黄金时代。一年之际在于春，人一生的发展在于青春，能否及早确立人生目标，关系到终身的发展。

哈佛大学有一个非常著名的关于目标对人生影响的跟踪调查，对象是一群智力、学历、环境等条件相差不多的年轻人。调查结果发现：27%的人没有目标；60%的人目标模糊；10%的人有清晰但比较短期的目标；3%的人有清晰且长期的目标。

25年的跟踪研究结果显示，他们的生活状况及分布现象十分有意思。

那3%的有清晰且长期目标者，25年中始终朝着同一方向不懈努力，几乎都成了社会各界的顶尖成功人士。那10%有短期清晰目标者，大都生活在社会的上层，成为各行业不可或缺的专业人士。而60%的模糊目标者，几乎都生活在社会的中下层。剩下的那27%没有目标的人，几乎都生活在社会的最底层，他们的生活都不如意，常常失业，靠社会救济维持生活。

为什么确立人生目标会有如此大的作用？

因为，人生目标是人生发展的巨大动力，人生目标是人生的理想和追求，是为之奋斗的巨大动力。曾任美国国务卿的赖斯，13岁时父亲带她到华盛顿旅游。当他们走到白宫时，父亲告诉她白宫是总统和国家领导人办公的地方。小赖斯自信地对父亲说："我长大了也会到这里办公的。"赖斯从小就有了自己的人生目标，并为之不懈地奋斗，最终实现了她的人生目标。

现实生活中，一些人没有人生目标，大好青春年华白白流逝，到头来一无所成，"黑发不知读书早，白首方悔读书迟"。正如雨果所说："谁虚度年华，青春就会褪色，生命就会抛弃他们。"可见，一个人的命运与其青少年时期有无奋斗目标有着直接的关系。

人生目标是战胜艰难险阻的精神支柱。人一旦确立了人生目标，就会为了实现目标去不懈努力，面对任何艰难险阻都会一往无前。我国唐代高僧鉴真，学识渊博，才能卓越。他受日本留学僧荣钗普照的邀请，带领僧众，面对各种艰难险阻，冒着生命危险也要东渡日本传授佛法。他几经生死的考验，历经11年艰苦卓绝的努力，在66岁且双目失明时，第六次东渡终于获得成功，为中日友好作出了卓越贡献。

人生目标是激发潜能的助推器。古人云："志大才能智达。"确立人生目标之后，为了实现目标，就会有效发掘自身的潜能，以积极的心态忘我工作，千方百计创造条件达到自己的目标。为了实现目标，在一些得失荣辱面前会表现得十分大度，看轻得失，不计荣辱，心胸坦荡，全力以赴为自己的目标而奋斗。

古人早就告诫后人："少壮不努力，老大徒伤悲。"古今中外无数事实证实，谁及早确立了人生目标，并为之不懈奋斗，谁就是最有前程的人，谁就是最幸运的人。

古人云：千里之行，始于足下；不积跬步，无以致千里。这就是说要给自己定一个目标，并且一步一个脚印地往前走，这样才能为成就事业打下坚实的基础。如果你好高骛远，不讲求实际，那么你的成功也许会遥不可及。所以不要妄自尊大，结果，黄粱美梦一场。

只有先设定好目标，才能很好地规划生活。没有目标，你好比一个断了线的风筝，不知飞往何处。自由运动的粒子，不能起变化的原因，就是它没能在运动中与其他粒子相碰撞，只好运动、运动、再运动下去。生活中失去了奋斗的目标，只会一味地吃、喝、睡，生活就没有激情。有的人活着，但他已经死了，说的也许就是这种人，究其原因，无非是生活没有目标，努力没有方向。

从实际情况出发，制定合理目标。如果你以为可以不经过程而直取终点，不从卑俗而直达高雅，舍弃细小而直为广大，那么你就错了，所有的成功都是平时努力的结果。倘若你懂得如何料理事物，就会懂得如何享受其中的乐趣。

有许多人韶华逝去，方才醒悟人生。他们虚掷光阴，待到迷途既远，方想回头，指望时光倒流。他们以为成功在望，妄想将未来的岁月一并吞掉。由于他们凡事急促，结果往往是欲速不达。即便对知识的渴求，也应适度，才不至于囫囵吞枣，一知半解。

不仅没做成享誉世界的学者，连你不屑一顾的豆腐干文章也没发表几块。不仅没有财源滚滚做成百万大亨，连你小孩的入托费还要等10天后到那干瘪的工资袋里去抠。官运也没通，没做成高官，副科级3年了至今还没有"扶正"。

你心性高傲、目标远大固然不错。但目标犹如靶子。必须在你的射程之内才有意义。如果目标太偏离实际，反而无益于你的进步。同时，有了目标，还要为目标付出代价，如果你只空有大志，而不愿为理想的实现而付出辛勤劳动，那"理想"永远只能是胡思乱想、一文不值的东西。

好高骛远者首要的失误在于不切实际，既脱离现实，又脱离自身。总是这也看不惯，那也看不惯。或者以为周围的一切都与你为难，或者你不屑于周围的一切，成天牢骚满腹，认为这也不合理，那也不公平。总觉得自己出类拔萃，不能正视自身，无自知之明，是为好高骛远者的突出特征。你该掂量自己有多大的本事，有多少能耐。沾沾自喜于过去某方面的那一点点成绩，从来就不知道自己有什么缺陷，总是以己之所长去比人之所短。于是心中惟有自己的高大形象，从不患不知人，惟患人之不己知。一天又一天，一年又一年，总是抱着怀才不遇、无用武之地的感觉。

脱离了现实便只能生活在虚幻之中，脱离了自身便只能见到一个无限夸大的变形金刚。没有坚实的根基，只有空中楼阁，只有海市蜃楼。没有真正的本领和能耐，只有夸夸其谈和牛皮冲天，没有切实可行的方案和措施，只有空洞的胡思乱想。

此为形成好高骛远者人生悲剧的前奏。

好高骛远者都是懒汉，害怕吃苦，情绪懒散，从精神到行动都游游荡荡，好逸恶劳，贪图享受。你甚至打心眼里瞧不起那些刻苦耐劳者，认为他是愚蠢。你也打心眼里瞧不起每天围绕在身边的那些小事，不屑于做它。此为形成好高骛远者人生悲剧的根本性原因。

好高骛远者在人际关系中也是最不受欢迎的一类人。对地位比你高的人，或者巴结奉承、奴颜婢膝，或者不屑交往，认为他也没有什么了不起。而对地位比你低的人，则一律鄙视瞧不起。若你是个工人，则瞧不起农民，开口闭口都是乡下人这样脏那样丑。若你是个干部，则瞧不起工人，开口闭口"黑瓜子"这样没修养那样没德行。结果，地位比你高的人瞧不起你，地位比你低的人也同样瞧不起你，你两头受鄙视，你成了被抛弃的人。

此为形成好高骛远者人生悲剧的又一重要因素。

结果当然是悲惨的。小事瞧不上不愿做，而大事本想做却做不来，或者轮不上你做，于是一事无成。眼看着别人硕果累累，你空有抱怨，空有妒忌。

怎么办？

如果你已经开始悔恨，如果你发誓从头开始，那么，所有美好的前途仍在向你招手。你不再犯规，不再发生人生操作方面的失误，你仍然可以进入强者之列。"图难于其易，为大于其细。天下难事，必作于易；天下大事，必作于细。是以圣人终不为人，故能成其大。"

想成为生活的强者么，那么必须从最细小最微不足道的地方做起，从最卑贱的事情开始。为了达到你的宏伟的目标，不要好高骛远，要踏踏实实做事，正正经经为人。这样，你才能冲破所有的艰难和险阻，经过层层的考验，成就高远忠大的事业，实现你的理想和追求。

只有首先面对社会和人生，勇于攀登生命的高峰，所谓"九层之台，起于垒土"，你就从那细小的萌芽开始生长，就从那一撮泥土筑起，从坚实的土地上迈步，才能领略那无限的风光。

不要做随波逐流的人，倘若你懂得如何料理事物，就会懂得如何享受其中的乐趣。那么，你为你的未来做了什么打算？你的人生有何明确的目标？你计划如何达成目标？

如果你没有一个明确的答案来回答的话，那么说明你还没有一个明确的目标及确实的执行计划。如果你是个随波逐流的人，那么你一生都将一事无成，只能跟在别人的后面生活，不会有什么大的作为。因此，你必须在此时订出你的目标，并且规划达到目标的步骤。

今日为明日打算，甚至为多日后打算。最高明的远见是有备无患。有些人行而后思，这样做是寻求失败的借口，而非成功的结果。人的一生就在于不断思索要达到的目标。

几年以前，一个名叫史都德·奥斯汀·威尔的人向一家杂志社投稿，当时他经济非常拮据。他写了一个发明家的故事，自己从故事中得到启示，下定决心改变自己的一生，否则至今他可能还是一个穷作家。他放弃了记者的工作，回学校攻读法律课程，准备做一名专业律师，认识他的人对于这项决定都极为惊讶。他不想当一名一般的专业律师，他要成为"全美最顶尖的专业律师"。他把计划付诸行动，凭着这份热忱，他在破纪录的短时期内，完成了法律课程。

开业之后，他刻意承办最棘手的案件，使他很快扬名全国，案件应接不暇，即使收费是天文数字，他所推掉的客户，还是比接办的多。

一个人只要依照目标和计划行事，就会有很多机会。如果你不知道自己想要什么，不知道自己该何去何从，别人又如何帮助你追求成功？你必须要有明确的目标，才能克服所有的挫折和阻碍。

李·马朗兹是美国各类加盟店的始祖。他知道自己要什么，也知道该怎么做。马朗兹是机械工程师，他发明了一种自动的冰淇淋冷却器，能够制作松软可口的冰淇淋。他希望从美国东岸到西岸开设冰淇淋连锁店，于是拟定计划并且付诸行动，终于梦想成真。

他帮助别人达到目标，因而缔造了自己的成功。他提供设备及营运企划，协助别人开设冰淇淋店，这种做法在当时是一项创举。他以成本价卖出冰淇淋制造机，然后从冰淇淋成品的销售额中获得利润。结果呢？马朗兹冰淇淋连锁店如雨后春笋般，在美国各地纷纷开业。

"如果你对自己、对你正在做的事情及你想要做的事情都深具信心，就没有克服不了的难题。"他说。

有的人，他们一日之中想吞食一生也难以汲取的养料，而没有一个切实可行的计划和目标。他们以为成功在望，妄想将未来的岁月一并吞掉。由于他们凡事急促，结果往往是欲速不达，一无所有。

目标能够激发人们的意志和激情，产生一种强大的精神动力，激励人们以积极、主动、顽强的精神投身于生活，对人生抱有积极向上的进取精神和乐观态度。如果你想成为成功的人，那么，从今天开始，为自己设立远大的目标并且拟出确实可行的计划之后，立刻把计划付诸行动。你要把你的未来操纵在自己手中，这样就可以决定你将来的成败。

浙江大学博士，这是令多少青年学子梦寐以求的学位。就是他，一个失去双臂的浙江省宁波籍青年王争，靠个人顽强努力获得了这一学位。

《宁波日报》报道，宁波市北仑区学生王争，在他 10 岁时被高压电夺去双臂。面对这一巨大的打击，在父母的开导之下，他经历了一系列痛苦的思想斗争，立下雄心，以保尔、张海迪为榜样，"别人能做到的，我也能做到"。

他为练习保持身体平衡，经常摔得浑身青一块紫一块，但他咬牙坚持。半年之后他回到学校，尽管老师允许他不做作业，但王争为巩固学习知识，坚决要求做。没有手他用牙咬着笔写字。开始练习时，一横一竖写得歪歪扭扭，口水顺着笔杆流下来，洇湿了作业本。时间一长，腮帮子酸了，牙龈肿了，头晕眼花，但王争没有放弃。在不懈努力下，王争不仅能写一手漂亮的硬笔字，还练就了超越大多数人的毛笔书法。

王争学习也非常刻苦。经过 10 年艰苦努力，2001 年，20 岁的王争以文科 600 分的优异成绩被浙江大学经济学院录取。2005 年秋，由于成绩突出，王争获得了免试攻读硕士研究生的机会。第二年秋天，他又以突出成绩提前一年转入博士研究生阶段，成为浙江大学经济学院的博士生。

王争同学取得的成绩，令人感到由衷的敬佩。他失去双手为什么能取得这样令人难以想象的成就？根本原因是他的志向、他的毅力。我国有句老话，"有志不在年高，无志空活百岁"。志向，是人的一种追求，一种目标，是人行动的强大动力。

"人贵有志。"贵就贵在它是千金难买的无价之宝，是激励人奋斗的强大动力，是促使人奋发有为的内在力量，是人成就事业的前提。

从生活实践来看，有志向的人为人处世都表现出一种积极进取、力争上游的精神风貌，面对困难和挫折，他们有信心战胜它，对失败和失意泰然处之，对小的得失不屑一顾，全力以赴去实现自己的目标。

而没有志向的人则表现为一种消沉的、无所作为的精神状态，他们做事敷衍、得过且过，却时常为一些鸡毛蒜皮的琐事，为一些微不足道的蝇头小利操心、烦恼，他们虚度年华，最终一事无成。

古人云："志大方能智达。"人的心理与生理密切相关，有积极向上的心理，生理上也会密切配合。王争同学失去双手，却经过自己的奋斗成为浙江大学的博士生，这令人不可想象的奇迹证明一个道理：有雄心壮志，就能发挥出自身的巨大的潜能，正所谓"有志者事竟成"。"志贵有恒。"有的同学常出现这种情况，受到他人启发，心血来潮时就立下志向，时间久了或受到某些挫折就心灰意冷，这就是人们常说的"有志者立长志，无志者常立志"。

为什么会出现"无志者常立志"？是因为有的志向目标不切实际，有的与国家和社会的发展不相一致，有的目标太低俗，有的人缺少一种坚定的信念。"立长志"要求个人的目标和追求要崇高，与社会的发展融为一体。"立长志"还要求个人的目标与个人的实际相一致，不能脱离自己的长处和短处，不能超越现实脱离实际。

人立志要有一种信念。坚信自己的目标经不懈努力一定能实现。王争同学认为"别人能做到的，我也能做到"，这一信念是他取得惊人成就的强大动力。信念是一种强大的力量。是战胜困难、挫折的内在支撑力，使人为了目标毅然抛弃不当的欲望，坚定不移地向着一个方向前进。

"人贵有志，志贵有恒。"看准了目标就要心如铁石，"咬定青山不放松，任尔东南西北风"，拿出卧薪尝胆，十年磨一剑的精神，以王争为榜样，时时激励自己，鞭策自己，为实现目标而奋斗。

许多人做事之所以会半途而废，并不是因为困难大，而是成功距离较远，把长距离分解成若干个距离段，逐一跨越它，就会轻松许多。目标具体化可以让你清楚当前该做什么，怎样能做得更好。

没有目标注定不能成功，但如果目标过大，就该学会把大目标分解成若干个具体的小目标，否则，很长一段时期你仍达不到目标，就会觉得非常疲惫，继而容易产生懈怠心理，甚至可能认为没有成功的希望而放弃你的追求。

有些人梦想自己能一步登天，一举成名。这是不现实的。因为不仅你的能力有限，而且成大事必须经过长久磨炼。真正的成大事者善于化整为零，从大处着眼，从小处着手。从小目标开始，一点一点突破。

把大目标分解成具体的小目标，分阶段地逐一实现，你可以尝到成功的喜悦，继而产生更大的动力去实现下一阶段的目标。

25岁的时候，雷因因失业而挨饿，为躲避房东讨债，他在马路上随处乱走。

一天他在42号街碰到著名歌唱家夏里宾。雷因在失业前，曾经采访过他。没想到，夏里宾竟然一眼就认出了他。

"很忙吗？"夏里宾问。

雷因含糊地回答了他，他想夏里宾看出了自己的际遇。

"我住的旅馆在第103号街，跟我一同走过去好不好？"夏里宾发出了邀请。

"走过去？到那里要走60个路口呢。"

"胡说。"夏里宾笑着说，"只有5个街口。"

"我说的是第6号街的一家射击游艺场。"看雷因不解，夏里宾解释说。

到达射击场时，夏里宾说："只有 11 个街口了。"

不多一会儿，他们到了卡纳奇剧院。

现在，只有 5 个街口就到动物园了。

又走了 12 个街口，他们在夏里宾住的旅馆门前停了下来。奇怪的是，雷因并不觉得十分疲惫。

今天的这段散步，你可以常常记在心里。这是生活艺术的一个教训。你与你的目标无论有多遥远的距离，都不要担心。把你的精神集中在 5 个街口的距离，别让那遥远的未来令你烦闷。

1984 年，在东京国际马拉松邀请赛上，名不见经传的日本选手山田本一出人意料地夺得了世界冠军。当记者问他凭什么取胜时，他说：凭智慧战胜对手。

两年后，在意大利国际马拉松邀请赛上，山田本一再次夺冠。记者又请他谈经验，性情木讷的山田本一还是那句话：用智慧战胜对手。许多人对此迷惑不解。

10 年后，山田本一在自传中解开了这个谜，他说：每次比赛前，我都要乘车把比赛的线路仔细看一遍，并记下沿途比较醒目的标志，一直记到赛程终点。比赛开始后，我以百米的速度奋力向第一个目标冲去，在到达第一个目标后，我又以同样的速度向第二个目标冲去。40 多千米的赛程，就这样被我分成几个小目标轻松完成了。最初，我并不懂这样的道理，我把目标定在 40 千米外的终点线上，结果我跑到十几千米就疲惫不堪了，我被前面那段遥远的路程给吓倒了。

许多人做事之所以会半途而废，并不是因为困难大，而是成功距离较远，把长距离分解成若干个距离段，逐一跨越它，就会轻松许多。目标具体化可以让你清楚当前该做什么，怎样能做得更好。

曾经有这样一个试验，把人分成两组，让他们去跳高。两组人的个子都差不多，先是一起跳了1．2米，然后把他们分成两组。对一组说：你们能跳过1．5米。而对另一组说：你们能跳得更高。然后让他们分别去跳。结果第一组由于有1．5这样的一个具体要求，他们每个人都跳得高；而第二组没有具体的目标，所以他们只跳过1．2多一点。

山田是一位拥有出色业绩的推销员，他一直都希望能跻身于最高业绩的行列中。但是一开始这只不过是他的一个愿望，从没真正去争取过。直到3年后的一天，他想起了一句话：如果让愿望更加明确，就会有实现的一天。

他设定了自己的目标，然后再逐渐增加，这里提高5％，那里提高10％，结果顾客增加了20％，甚至更高。这激发了山田的热情。从此他不论什么状况，都会设立一个明确的数字作为目标，并在一两个月内完成。目标越是明确，越感到自己对达成目标有股强烈的自信与决心。山田说：我的计划里包括我想得到的地位、我想得到的收入、我想具有的能力，然后，我把所有的访问都准备得充分完善，相关的业界知识加之多方面的努力积累，终于在第一年的年终，使自己的业绩创造了空前的记录，以后的年头效果更佳。在平常学习生活中，我们都会有自己的目标，要想达到目标，关键在于要把目标细化、具体化。

在事业上，我们都应该有一点近乎"野心"的抱负。这样，才可以勇往直前，才可以把困难艰危轻易克服。才可以有胆量去希望别人所不敢希望的成就。

——罗兰

座右铭也同样有鞭策激励我们的作用。"座右铭"，是古人写出来放在座位右边的格言，后来泛指激励、警诫自己，作为行动指南的格言。

历史上，许多中外名人都有自己的"座右铭"。周恩来的座右铭是"泛舟沧海，立马昆仑"。陈毅自制《砚铭》，"满招损，谦受益，莫伸手。终日乾乾，自强不息。"近代电磁学的奠基者法拉第的座右铭是"拼命去争取成功，但不要期望一定成功"。我国现代杰出画家徐悲鸿的座右铭是"人不可有傲气，但不可无傲骨"。这些座右铭无一不体现了名人的精神境界，对他们成就事业起到不可估量的作用。

同学们也应该有自己学习的座右铭。座右铭的内容可以是多种多样的：既可以是对自己的激励，体现奋斗目标，也可以是对自己的督促，体现对某些不良习惯的警示。

座右铭是对自己的激励。同学们都有自己的理想抱负，但理想抱负只有付诸行动才会变成现实。理想的实现要有精神动力，座右铭时时激励自己为了理想去不懈努力。周恩来总理就是以"泛舟沧海，立马昆仑"来激励自己从事中国革命伟大事业，成为世代传颂的伟人。

座右铭是对自己的暗示。学习知识和办任何事情一样，都会有一定的困难，会遇到各种阻力或失败，面对这些就要下决心战胜它们。座右铭就是一种暗示，一种战胜困难的精神动力。蒲松龄将"有志者，事竟成，破釜沉舟，百二秦关终属楚；苦心人，天不负，卧薪尝胆，三千越甲可吞吴"这一对联刻在镇尺上，作为自己的座右铭，时时激励自己义无反顾、勇往直前的信心。

座右铭是对自己的督促。同学们在学习中难免出现疲劳、困乏的时候，也可能出现想玩电子游戏机等诱惑，这时候就要战胜自己，座右铭就起到督促作用。气象学家竺可桢的座右铭是"一丝不苟"，数学家苏步青的座右铭是"今天能做完的事，不要拖到明天去做"。这就反映了这些治学严谨的科学家以座右铭来时时督促自己。

座右铭是对自己的鞭策。在听课走神，考试前胆怯时，你看到"战胜你自己"的座右铭时，会提醒自己，增强自我约束。当学习成绩出现退步，信心不足时，"相信你自己"的座右铭就会起到鞭策自己的作用，让你树立信心，战胜自己。

同学们，有自己的座右铭是积极向上的体现，是有高度自制力的表现，是走向成功的巨大动力。将你的座右铭写在最容易看到的地方，让它时时激励你的精神，暗示你的心灵，督促你的行为，鞭策你的过失，它一定能在你追求理想的道路上，发挥你所意想不到的作用。

第二节　天才出勤奋，笨巧相统一

三更灯火五更鸡，正是男儿读书时，黑发不知勤学早，白首方悔读书迟。

——颜真卿

辛苦是获得一切的定律。

——牛顿

面对升学的竞争，请家教、听名师讲座、吃补品、算命求神等等，在一些地方很是热了起来，好像学习通过什么"捷径"就能如愿以偿。某电台有一广告说："只要服用'灵威三好'，考试就得100百分，就这么简单。"我们暂且不论这一广告的是非曲直，这里要谈的是学习文化知识没有"捷径"！

有位老师在课堂上提出这样一个问题："人生在世，什么人最幸运？"一个同学站起来回答说："老师，我认为不学习就能考上大学，就是最幸运的人。"这个同学的回答虽说是可笑、无知，但也确实反映了一些同学的心理。

知识学习过程是在自身原有知识基础上，经过对新知识的一系列加工、消化、复习、巩固，由外在知识转化为自己的知识的过程。这种转化不是轻而易举的，更不是任何外力可以代替的，必须经过自己的努力才能实现。

东晋时期的王羲之和王献之是历史上著名的两大书法家，被人们并称为"二王"。王献之从小跟父亲王羲之学书法，学了两年，父亲总是让他练习横、竖、点、撇、捺。练着练着，王献之就不耐烦了。一天，王献之要父亲将练书法的秘诀告诉他。王羲之把儿子带到院子里，指着18口大水缸说："秘诀就在这些水缸里面，你把18口缸的水写完就知道了。"王献之遵照父亲的指点，练完了院中的18口缸的水，终于成了著名的书法家。

晋代时，车胤从小好学不倦，但因家境贫困，父亲无法为他提供良好的学习环境。为了维持温饱，没有多余的钱买灯油供他晚上读书。为此，他只能利用这个时间背诵诗文。夏天的一个晚上，他正在院子里背一篇文章，忽然见许多萤火虫在低空中飞舞。一闪一闪的光点，在黑暗中显得有些耀眼。他想，如果把许多萤火虫集中在一起，不就成为一盏灯了吗？于是，他去找了一只白绢口袋，随即抓了几十只萤火虫放在里面，再扎住袋口，把它吊起来。虽然不怎么明亮，但可勉强用来看书了。从此，只要有萤火虫，他就去抓一把来当作灯用。由于他勤学苦练，后来终于做了职位很高的官。同朝代的孙康情况也是如此。由于没钱买灯油，晚上不能看书，只能早早睡觉。他觉得让时间这样白白跑掉，非常可惜。一天半夜，他从睡梦中醒来，把头侧向窗户时，发现窗缝里透进一丝光亮。原来，那是大雪映出来的，可以利用它来看书。于是他倦意顿失，立即穿好衣服，取出书籍，来到屋外。宽阔的大地上映出的雪光，比屋里要亮多了。孙康不顾寒冷，立即看起书来，手脚冻僵了，就起身跑一跑，同时搓搓手指。此后，每逢有雪的晚上，他就不放过这个好机会，孜孜不倦地读书。这种苦学的精神，促使他的学识突飞猛进，成为饱学之士。后来，他也当了高官。这就是"囊萤映雪"成语的来源。

鲁迅先生从小认真学习。少年时，在江南水师学堂读书，第一学期成绩优异，学校奖给他一枚金质奖章。他立即拿到南京鼓楼街头卖掉，然后买了几本书，又买了一串红辣椒。每当晚上寒冷时，夜读难耐，他便摘下一颗辣椒，放在嘴里嚼着，直辣得额头冒汗。他就用这种办法驱寒坚持读书。由于刻苦读书，后来终于成为我国著名的文学家。

王亚南小时候胸有大志，酷爱读书。他在读中学时，为了争取更多的时间读书，特意把自己睡的木板床的一条脚锯短半尺，成为三脚床。每天读到深夜，疲劳时上床去睡一觉后迷糊中一翻身，床向短脚方向倾斜过去，他一下子被惊醒过来，便立刻下床，伏案夜读。天天如此，从未间断。结果他年年都取得优异的成绩，被誉为班内的三杰之一。他由于少年时勤奋刻苦读书，后来，终于成为我国杰出的经济学家。

诸葛亮少年时代，从学于水镜先生司马徽，诸葛亮学习刻苦，勤于用脑，不但司马徽赏识，连司马徽的妻子对他也很器重，喜欢这个勤奋好学，善于用脑子的少年。那时，还没有钟表，记时用日晷，遇到阴雨天没有太阳，时间就不好掌握了。为了计时，司马徽训练公鸡按时鸣叫，办法就是定时喂食。为了学到更多的东西，诸葛亮想让先生把讲课的时间延长一些，但先生总是以鸡鸣叫为准，于是诸葛亮想：若把公鸡鸣叫的时间延长，先生讲课的时间也就延长了。于是他上学时就带些粮食装在口袋里，估计鸡快叫的时候，就喂它一点粮食，鸡一吃饱就不叫了。

过了一些时候，司马先生感到奇怪，为什么鸡不按时叫了呢？经过细心观察，发现诸葛亮在鸡快叫时给鸡喂食。先生开始很恼怒，但不久还是被诸葛亮的好学精神所感动，对他更关心，更器重，对他的教育也就更毫无保留了。而诸葛亮也就更勤奋了。通过诸葛亮自己的努力，他终于成为了一个上知天文，下晓地理的一代饱学之人。

孔子一生勤奋学习，到了晚年，他特别喜欢易经。易经是很难读懂的，学起来很吃力，可孔子不怕吃苦，反复诵读，一直到弄懂为止。因为孔子所处的时代，还没有发明纸张，书是用竹简或木简写成的，既笨又重。把许多竹简用皮条编穿在一起，便成为了一册书。由于孔子刻苦学习，勤展书简，次数太多了，竟使皮条断了三次。后来，人们便创造出了"韦编三绝"这句成语，以传诵孔子勤奋好学的精神。

战国时的苏秦，夜以继日地读书，实在太累了，就用锥子刺大腿来使头脑清醒；汉代的孙敬，为了防止读书时瞌睡，便用一根绳子把自己的头发系在房梁上，只要一打瞌睡就会被扯醒。这就是历史上"刺股悬梁"的故事。

这些故事都告诉我们一个道理，那就是学习知识是要经过自身的艰辛努力，单纯依靠外力就能学到知识是不可能的。古人早就告诫后人说："书山有路勤为径，学海无涯苦作舟。"

唯物辩证法认为："在事物变化发展中，内因是事物变化发展的根据，外因是事物变化发展的条件，外因通过内因而起作用"，外因再好也要通过内因发挥作用，再适宜的温度也不会让石头孵化出小鸡来。

请家教、进辅导班、听名师讲座、吃补品、买学习工具，只是促进学习的外界条件。外界条件对学习有一定的作用，但最根本的、起决定作用的还是内因，是自身的努力。外界条件要通过自己的努力才能发挥作用。

当代青年人的楷模洪战辉同学，在家庭极端贫困情况下坚持上学，还抚养着一个捡来的小妹妹。为了生活、为了上学、为了扶养小妹妹，他吃了多少苦，受了多少累，最后却靠个人的拼搏精神走进了大学。相反，某些同学学习不努力，虽然家中电脑等学习设备应有尽有，又请家教，又吃大量补品，成绩却总是不佳。这就证实了外界条件再好，如果没有个人的努力，也不会有好成绩。

认为依靠外界条件就能有好成绩，不仅违背辩证法，更是不切合实际的。某电台广告所讲："只要服用'灵威三好'，考试就得100分，就这么简单。"诸如此类的不负责任的广告宣传，是为了推销产品而耸人听闻地夸大其词，是误人子弟的一种欺骗。

有一个寓言故事，讲的是一只啄木鸟和一只乌鸦是好朋友。一天早上，两只鸟议论着，要在同一棵大树上比比看谁建巢又快又好。

比赛开始了，啄木鸟用它坚硬的嘴"哒…哒…哒"地啄着大树干，乌鸦叼着枯枝忙着在一个树杈上建巢。半天时间，乌鸦很快在树杈上建好了它的巢，啄木鸟还在不停地啄着大树干。乌鸦很得意地对啄木鸟说："笨家伙，我再睡一觉，你也建不成巢。"

乌鸦飞回它的巢里酣睡起来。一觉醒来，太阳快要落山了，它飞到啄木鸟已经建成的巢穴旁，笑着对啄木鸟说："笨家伙，你输了吧！"乌鸦边说边哈哈大笑起来，它的笑声还没停止，一阵狂风吹来，把乌鸦刚建好的巢吹得无影无踪。这时啄木鸟却安然无恙地躲在自己的巢穴中，看着气急败坏的乌鸦说："咳！好朋友，咱们比赛谁赢了？"

啄木鸟和乌鸦以不同方法建巢是其不同的本能，但就它们比赛来讲，却启示我们怎样认识"巧和笨"的问题。乌鸦很乖巧，但它的巢轻易地被狂风吹掉；啄木鸟啄大树建巢看来是笨，但它的巢不怕风吹雨打。学习中也存在这种"巧和笨"的情况。

是否有的同学学习不肯努力，却动脑筋耍"小聪明"。既想偷懒省力，又想不被老师批评，还想有好成绩，他就想出许多"妙策"：抄作业答案、考试打"小抄"。这样做在短时间内"有效"，自己不肯用功，靠做小动作就轻而易举得到好成绩，可谓"乖巧"。

在这些"乖巧"的同学看来，那些下大工夫学习的同学是"愚笨"了。其实这是颠倒是非。学习知识必须有真功夫，知识不会自动进入人的大脑中，即使现代化程度再高，也必须通过努力学习，书本知识才能转化为自己的知识。靠耍小聪明可以一时得逞，到头来贻误前程后悔莫及，这种事例难道还少吗？

小说《红楼梦》中有一句话，叫做"聪明反被聪明误"。耍小聪明的"乖巧"其实是自作聪明，到升学考试就会露出"庐山真面目"，后悔莫及。这种"巧"实质上是投机取巧，是自欺欺人的行为，断然不可取。

从另一方面讲，学习确实有"笨和巧"的问题。如果学习知识轻视理解消化，靠死记硬背；考试出现失误，不去认真研究原因找出相应对策；练习习题只注重答案正确与否，不会从中概括出一般的规律，不能实现知识的迁移，此类做法可就是真正的笨了。这是不讲究学习方法的、得不偿失的愚笨。

学习既必须下真功夫，又必须讲究"巧学"。这个巧就是研究加工理解知识的技巧；就是注重研究答题技巧、规律；就是认真研究考试失误，找出相应对策的巧；就是将知识融会贯通、灵活运用的巧。一句话，就是讲究学习方法和技巧。

学习知识就要坚持"笨"和"巧"的统一。必须下真功夫，既要求真求实，来不得半点马虎大意，又要坚持巧学，多动脑筋，讲究学习方法和技巧。片面讲"巧学"，否认下苦工夫，或是片面强调苦学而不讲究学习方法，都是不可取的。

同学们，还是自己努力吧！"一分耕耘，一分收获"，在学习的道路上是没有捷径可走的，只有不懈地勤奋学习，才是通向成功的阳光大道。

对搞科学的人来说，勤奋就是成功之母。　　——茅以升

学问是苦根上长出的甜果。　　——大加图

据《北京日报》报道，清华园中的小厨师张立勇托福考了630分。托福满分670分，清华高才生考过600分也不容易。此外，张立勇即将获得北大国际贸易专业大本文凭。

张立勇的成绩，是他在清华大学当农民工的10年中，以超出常人想象的勤奋努力获得的。文章中写道：他每天清晨4时起床，在菜墩前、窗口前要站上八九个小时，一天劳动下来腰酸腿软，没看上几页书眼睛就睁不开了。后来他发现喝滚烫的水治瞌睡，就每次看书前先灌满一壶开水，故意把舌头烫得钻心痛，以此驱散睡意。

在床头前，贴着他的座右铭："在年轻人的辞典里永远没有失败这个词"。他每天早上起来学一小时，午休时学40分钟，晚上七时

半下班学到凌晨一二点钟。寒冬腊月，没有暖气他围着炉子看书；酷暑炎夏，蚊子嗡嗡，他摇着扇子写字，正是凭着这样刻苦的勤奋努力，张立勇取得了常人不可想象的优异成绩。

"樱桃好吃树难栽，不下苦功花不开。"古今中外无数事实表明，没有勤奋学习、艰苦奋斗，任何人都不可能有渊博的知识和高超的能力。大数学家华罗庚告诫世人："勤能补拙是良训，一分辛苦一分才。"张立勇的事迹充分说明了这一点。

当今时代是知识经济时代，是职业竞争日益激烈的时代，而竞争的王牌就是知识和能力。没有真本领，就会像大浪淘沙一样被淘汰，优胜劣汰是谁也无法阻挡的规律。

面对这样的时代，风华正茂的中学生将何去何从，是勤奋学习还是懒堕荒废学业？这将决定你未来是"锦绣前程"，还是"悲惨世界"。

每个同学都有成为高学历高能力人才的潜能。能否成才，就取决于如何开发你的天赋，挖掘你的潜能。人的潜能发挥的程度，取决于后天勤奋努力的程度，勤奋学习和刻苦钻研是人发挥潜能的助推器。

同学们在学习中都想成为佼佼者，可为什么会出现成绩的差别？有人将其归结为智力高低。我们不否认人的智力有差别，但从实践来看，成绩出现差别，根本原因不是智力问题，而主要是非智力因素，是人的勤奋程度，是人的毅力和吃苦精神。

"宝剑锋从磨砺出，梅花香自苦寒来。"天才来自勤奋，智慧源自学习。优异的成绩是靠后天不懈努力得到的，只要长期勤奋努力，专心钻研，你的潜能就会得到很好发挥，你就会取得令你自己也惊奇的成绩。

"天道酬勤"，"一分耕耘，一分收获"，这是人生的真理。

第三节 毅力是城墙，学习有保障

伟大人物最明显的标志，就是他的坚强意志。　　——爱迪生

顽强的毅力可以征服世界上任何一座高峰。　　——狄更斯

两则报道令人肃然起敬：

一则是美国 82 岁的老妪伊丽莎白·麦克尼尔凭借惊人毅力和不懈努力从哈佛大学毕业，成为 2006 年哈佛大学最年长的本科毕业生。1941 年麦克尼尔高中毕业，1951 年婚后先后生了 4 个孩子，不过她从没有放弃继续学习的念头。她的大儿子路易斯说："她告诉我们，她要在 83 岁之前取得学士学位，我们只是转动眼球，希望她能够活到那个时候。"麦克尼尔在向《波士顿环球报》记者回忆 7 年本科学习生涯和学习 23 门课程时说："没有人比我对毕业更惊讶。"

另一则是《农民考研 16 载终成心愿》。湖南省常德市农民谭国光，1983 年在常德市农民中专班毕业后，一手握锄头，一手捧着课本，参加全国高等教育自学考试，并获得历史专业自考大专文凭。

1986 年他做起了考研梦，到 1989 年他已经连续 3 次报考研究生，但均与梦想失之交臂。后来他先后在乡政府受聘为助理秘书和某高职院校教师，但他一直没有放弃研究生考试。

2002 年，谭国光第 12 次参加研究生考试，第 12 次落榜。按国家规定，研究生报考的年龄限定在 40 岁前。他力争最后一次机会，2003 年，他终于以 343 分的高分被重庆师范大学录取为"马克思主义理论与思想政治教育"专业研究生。当年 7 月 1 日，他终于收到

了盼望 16 年的硕士研究生录取通知书。每个中学生都想学有所成，成为出类拔萃的人物，为什么真正成功者却是凤毛麟角？其根本原因不在于智力，而在于大多数人缺乏坚韧不拔、百折不挠的毅力。正如宋代大学者苏轼所说："古之成大事者，不唯有超世之才，亦有坚韧不拔之志也。"

生下来就一贫如洗的林肯，终其一生都在面对挫败，但他还是以惊人的毅力战胜了所有的困难。8 次竞选 8 次落败，两次经商失败，甚至还精神崩溃过一次。好多次，他本可以放弃，但他并没有如此，也正因为他没有放弃，才成为美国历史上最伟大的总统之一。以下是林肯进驻白宫前的简历：

1816 年，家人被赶出了居住的地方，他必须工作以抚养他们；1818 年，母亲去世；1831 年，经商失败；1832 年，竞选州议员但落选了；1832 年，工作也丢了，想就读法学院，但进不去；1833 年，向朋友借钱经商，但年底就破产了，接下来他花了 16 年，才把债还清；1834 年，再次竞选州议员，赢了！

1835 年，订婚后即将结婚时，未婚妻却死了，因此他的心也碎了；1836 年，精神完全崩溃，卧病在床 6 个月；1838 年，争取成为州议员的发言人，没有成功；1840 年，争取成为选举人，失败了；1843 年，参加国会大选落选了；1846 年，再次参加国会大选这次当选了。前往华盛顿特区，表现可圈可点；1848 年，寻求国会议员连任失败了。

1849 年，想在自己的州内担任土地局长的工作，被拒绝了；1854 年，竞选美国参议员，落选了；1856 年，在共和党的全国代表大会上争取副总统的提名，得票不到 100 张；1858 年，再度竞选美国参议员再度落败；1860 年，终于当选美国总统。

而1955年秋天在济南出生的张海迪。5岁患脊髓病，胸以下全部瘫痪。从那时起，张海迪开始了她独特的人生。她无法上学，便在在家自学完中学课程。15岁时，海迪跟随父母，下放（山东）聊城农村，给孩子当起教书先生。她还自学针灸医术，为乡亲们无偿治疗。后来，张海迪自学多门外语，还当过无线电修理工。在残酷的命运挑战面前，张海迪没有沮丧和沉沦，她以顽强的毅力和恒心与疾病作斗争，经受了严峻的考验，对人生充满了信心。她虽然没有机会走进校门，却发愤学习，学完了小学、中学全部课程，自学了大学英语、日语、德语和世界语，并攻读了大学和硕士研究生的课程。

王江民3岁因小儿麻痹症而落下终身残疾，没有进过正规大学的校门，20多岁在一个街道小厂当技术员，38岁之前还不知道电脑为世间何物。就是这个无论从哪个角度说，都从未受到社会眷顾的"弃儿"，今天却被誉为中关村最富有传奇色彩的知识英雄，中国软件业界中的奇才，国际上都赫赫有名的"杀毒王"。在中国的软件发展史上，王江民绝对是可圈可点的一个人。除了他的勤奋刻苦，他的成功从某种角度来说也是他做人的成功。在对大学生的演讲中，王江民总是不忘忠告：年轻人要少一些浮躁，多一些真才实学，要坚持勤奋学习，知识丰富了，能力高了，才能抓住机遇，机遇有的是。

战胜困难要靠毅力。人们办任何事都可能受到各种条件的制约，受到重重压力，会有种种困难。同学们学习也是如此。例如，学习时间紧任务重，有的知识难以理解，需要记忆的知识多，上学路途远、风吹雨打、严寒酷暑等，这些都要靠自己的坚强意志去战胜。害怕困难，怕吃苦受累是不可能有好成绩的。

82 岁的美国老妪麦克尼尔从哈佛大学毕业，她要面临多大的困难？82 岁年龄的体力、反应能力、记忆力，又怎样和年轻人相提并论？因此在困难面前就是要靠毅力。就是要咬紧牙关，有一种泰山压顶不弯腰的气概。

战胜挫折要靠毅力。学习和任何事情一样，不可能是一帆风顺的，都会遇到种种挫折、失败。学习成绩的倒退、竞争的失败、升学名落孙山，这些谁都不可避免，就看谁能以顽强的毅力去面对挫折、失败，去战胜挫折，转败为胜。谭国光为了考研，以近 40 岁的年龄，第 13 次才获成功。在不懈奋斗的 16 年中，面临 12 次失败的打击，他心理所承受的压力可想而知。没有百折不挠的毅力，决不会有谭国光最后的成功。

麦克尼尔、谭国光的奇迹都向人们证明一个人生的真理："顽强的毅力可以征服世界上任何一座高峰。"

战胜自己要靠毅力。战胜自己就是和自己打仗，就是战胜各种不良诱惑，就是和自己的不良欲望，与自己懒惰、任性、贪图享受的习惯打仗。这些习惯都是长期形成的，各种欲望又具有很强的诱惑力。所以古人说："胜三军易，胜己难。"哲学家洛克也提出："凡不能克制自己的嗜欲，不知听从理智的指导而摒绝目前的快乐或痛苦纠缠的人，他就缺乏一种德行与努力的真正原则，就有流于一无所能的危险。"

如果一个人不能自胜，不良欲望和外部诱惑就会将其引入歧途。刘青山、张子善没有抵住金钱、美女、物质享受的诱惑，由人民的英雄蜕变为被押上断头台的罪犯。古今中外无数事实证明一个道理：不战胜敌人就要被敌人消灭，不战胜自己就要被自己毁灭。

同学们在现时学习中，各种外部的吸引和诱惑，都会动摇你的意志，而自身不良欲望、不良习惯又在时时向你提出挑战。如果没有坚强的意志就不能战胜自己。"自知者明，自胜者强。"自胜者强，强就强在他能为了实现自己的目标，战胜外部的种种诱惑、自己的各种欲望和不良习惯，以拼搏的态度、坚如磐石的毅力去奋斗。

"宝剑锋从磨砺出，梅花香自苦寒来。"毅力不是与生俱来的，而是后天逐渐磨炼出来的。人的毅力来源于人的理想和信念。崇高的理想和坚定的信念是人成就任何事业的前提，是人坚强毅力不竭的动力。

体操王子李宁、速滑冠军叶乔波、乒乓"巨人"邓亚萍成功的背后，都有许多以顽强的毅力战胜重重困难的故事。是什么力量铸就了他们的钢铁意志与顽强毅力？是他们崇高的理想，是他们为国争光的信念。理学家司图密尔说："一个有信念的人所爆发出来的力量，不下于99位仅心存兴趣的人。"要成就大事业，仅靠好奇心和兴趣是不行的。只有理想、信念才是毅力的真正基础。

毅力是成功的保证。为了实现自己的目标。同学们就要以麦克尼尔、谭国光为榜样，以顽强的毅力，战胜重重困难，战胜各种挫折，摆脱种种诱惑，克服种种不良习惯，把握自己，战胜自己。

让我们牢牢记住古人的告诫："三军可以夺帅，匹夫不可以夺志也。"

毅力能够决定我们在面对困难、失败、诱惑时的态度，看看我们是倒了下去还是屹立不动。具备毅力的人，他的行动必然前后一致，不达目标绝不罢休。

不管干什么，人们在第一次就轻而易举地获得成功的现象是少有的，成功与失败的一步之遥就在于一个人是否有持之以恒的毅力。

一位名人曾经说过：顽强的毅力可以征服世界上任何一座高峰。

是的，只有那些勤奋刻苦、持之以恒、拥有毅力的人才会获得最后的成功。

毅力是一种优良的意志品质，指的是一个人做事坚持不懈、持之以恒、遇到困难和挫折不动摇。

历史上大凡有成就的人，无不在学习的道路上具有顽强的毅力，一步一个脚印，踏踏实实，向着既定的目标义无反顾地迈进，从而成就美好的理想。著名音乐家贝多芬双耳失聪，可是他不但没有向命运低头，而且用心灵谱写了一首又一首美妙的乐曲。伟大的发明大王爱迪生在一次实验中失聪，但他并没有因此而自暴自弃，而且凭着惊人的毅力创造了神奇，为人类的发展作出了巨大的贡献。

成功者以顽强的毅力书写迷人的传奇。成功者的事例告诉我们，成功需要顽强的毅力，具有顽强的毅力就等于向成功迈进了一大步。只要我们具有顽强的毅力，再高的山也能攀登；再汹涌的海也能渡越；再艰巨的任务也能完成。

居里夫人出生在波兰一个贫困家庭，她从小就具有一种面对困难不退缩、坚持到底不动摇的坚强意志。在巴黎求学时，居里夫人租了一间小小的阁楼，那里没有电灯，没有水，没有烤火的煤。每天夜里，她只能到图书馆去看书。冬天的晚上，她把所有的衣服都穿上睡觉还冻得瑟瑟发抖，她经常一连几个星期只吃面包和水。在这样的环境里，居里夫人坚持学习了 4 年，终于获得了物理学和数学硕士学位。

1895 年，居里夫人与法国物理学家比埃尔·居里结婚。从此，两人走上了同甘共苦、攀登科学高峰的道路。当时，他们的生活仍然十分贫困，为了寻找一种能透过不透明物体的射线，只得借了一个旧木棚充当实验室。实验室里既潮湿又黑暗，下雨天还会漏雨。

为了节省开支，他们从很远的地方买来价格便宜的沥青矿渣做原料，靠着几件简陋的设备，开始了繁重的提炼工作。居里夫人每天穿着布满灰尘和油渍的工作服，把矿渣倒进大锅里烧，用一根一人高的木棍不停地搅拌，还要经常将20多千克重的容器搬来搬去。提炼工作经历了无数次的失败，但她没有被困难所吓倒。整整坚持了4年，终于从好几吨的矿渣里提炼出1/10克镭的化合物氯化镭，它具有极大的放射性。这一发现轰动了全世界。1903年，居里夫人和她的丈夫双双获得了诺贝尔奖。

正当居里夫人一家的工作、生活条件有所改善时，不幸的事发生了。1906年4月19日，比埃尔·居里死于一场车祸，居里夫人失去了亲爱的丈夫和最好的导师。她悲痛极了，但她没有消沉，而是挺起胸膛，继续进行科学研究。1910年，居里夫人提炼出1克纯镭。她将这1克镭捐献给法国镭学研究院，用于治疗癌症病人。1911年，居里夫人再次获得诺贝尔奖。

居里夫人就是这样以顽强的毅力，克服了重重困难，坚持科学研究几十年，终于发现了放射性元素镭和钋，成为世界著名的科学家。

毅力能够决定我们在面对困难、失败、诱惑时的态度，看看我们是倒下去还是屹立不动。如果你想学习优异、获取成功，如果你想把任何事做到底，单单靠着一时的热劲是不成的，你一定得具备毅力，因为那是你产生行动的动力源头。具备毅力的人，他的行动必然前后一致，不达目标绝不罢休。在学习的道路上，总会出现许多的坎坷和不平，当我们遇到学习的困难和挫折的时候，我们要用毅力和智慧去征服它，只有这样，才能顺利地到达成功的彼岸。

第四节　积极好心态，进取有方向

进取是一种获取成功的精神，目的地就在你一直向前的步伐里。只有不断地前进才能提高，也才能够有更丰硕的收获。

"进"是一种前进的动力，人们只有不断地进步，不断地学习，才能不断地提升自己的能力，让自己在工作中无往不利；"取"是指获取，只是在获取之前，需要你先有所付出，天下没有免费的午餐，有付出才会有收获。逆水行舟，不进则退。在实际生活中，你要么一直遥遥领先，要么心甘情愿，位居人后。

一个人要想在学习上获得成功，必须坚定一个奋斗的方向，并朝着这个方向不断往前冲积极进取，倘若你无法分清自己的方向，就会谨小慎微，裹足不前。

一个没有进取心的人永远不会得到成功的机会。有一天，尼尔去拜访毕业后多年未见的老师。老师见了尼尔很高兴，就询问他的近况。

这一问，引发了尼尔一肚子的委屈。尼尔说："我对现在做的工作一点都不喜欢，与我学的专业也不相符，整天无所事事，工资也很低，只能维持基本的生活。"老师吃惊地问："你的工资如此低，怎么还无所事事呢？"

"我没有什么事情可做，又找不到更好的发展机会。"尼尔无可奈何地说。

"其实并没有人束缚你，你不过是被自己的思想抑制住了，明明知道自己不适合现在的位置，为什么不去再多学习其他的知识，找机会自己跳出去呢?"老师劝告尼尔。

尼尔沉默了一会说:"我运气不好,什么样的好运都不会降临到我头上的。""你天天在梦想好运,而你却不知道机遇都被那些勤奋和跑在最前面的人抢走了,你永远躲在阴影里走不出来,哪里还会有什么好运。"老师郑重其事地说,"一个没有进取心的人,永远不会得到成功的机会。"

如果一个人把时间都用在了闲聊和发牢骚上,就根本不会想用行动改变现实的境况。对于他们来说,不是没有机会,而是缺少进取心。当别人都在为事业和前途奔波时,自己只是茫然地虚度光阴,根本没有想到去跳出误区,结果只会在失落中徘徊。

如果一个人安于贫困,视贫困为正常状态,不想努力挣脱贫困,那么在身体中潜伏着的力量就会失去它的效能,他的一生便永远不能脱离贫困的境地。贫穷本身并不可怕,可怕的是贫穷的思想,以及认为自己命中注定贫穷。一旦有了贫穷的思想,就会丢失进取心,也就永远走不出失败的阴影。

在我们的身上,存在一种神秘的力量,它就是进取心。它不允许我们有丝毫懈怠,它让我们永不满足,每当我们达到一个高度,它就召唤我们向更高的境界努力。它是摆脱颓废的最佳手段,一个人一旦形成不断自我激励、始终向着更高境界前进的习惯,身上所有的不良品质和坏习惯都会逐渐消失。纵观古今中外的成功人士,他们身上大都有这种不断进取的个性与品质。大科学家爱迪生就是一个不断进取,永不满足的人。

爱迪生发明了电灯,世人皆知。当时电灯的原理很清楚,就是把一根通电后发光的材料放在真空的玻璃泡里。可是许多科学家并不满足于现状,而是进一步研究如何能让电灯更轻便、成本更低廉、照明时间更长，最主要的是如何能延长灯丝的寿命。

当时，爱迪生已经成为了改进电话、发明留声机，创造不计其数小奇迹的著名"魔术师"，但声名显赫的他从来没有满足过，在完成新项目，达成新目标的同时继续着下一个目标。

在灯丝的研究中，他尝试用炭化的纸、玉米、棉线、木材、稻草、麻绳、胡子、头发等纤维和几种金属丝来做灯丝的材料，试验的材料多达 1 600 多种。而此时，全世界的人都在等着他的电灯。

经过一年多的艰苦研究，他找到了能够持续发光 45 小时的灯丝。在这 45 个小时中，他和他的助手们目不转睛地看着这盏灯，直到灯丝烧断。这一成果令世界科学家所羡慕，但他毫不满足："如果它能坚持 45 个小时，再过些日子我就要让它烧 100 个小时。"

有位记者对正在研究这一项目的爱迪生说："如果你真的让电灯取代了煤气灯，那可要发大财了。"爱迪生说："我的目的倒不在于赚钱，我只想跟别人争个先后，我已经让他们抢先开始研究了，现在我必须追上他们，我相信会的。"这番话完全是站在一个科学家的角度来解释这一研究行为的，他的人生宗旨就是超跃自我、不断进取。

两个月后，灯丝的寿命达到了 170 小时。《先驱报》整版报道他的成果，用尽溢美之辞，"伟大发明家在电力照明方面的胜利"、"不用煤气，不出火焰，比油便宜，却光芒四射"、"15 个月的血汗"……新年前夕，爱迪生把 40 盏灯挂在从研究所到火车站的大街上，让它们同时发亮来迎接出站的旅客，其中不知有多少人是专门赶来看奇迹的。这些只见过煤气灯的人，最惊讶的不是电灯能发亮，而是它们说亮就亮、说灭就灭，好像爱迪生在天空中对它们吹气似的。有个老头还说："看起来蛮漂亮的，可我就是死了也不明白这些烧红的发卡是怎么装到玻璃瓶子里去的。"大街上响彻这样的欢呼:"爱迪生万岁!"

"大家称赞我的发明是一种伟大的成功,其实它还在研究中,只要它的寿命没有达到 600 小时,就不算成功。"爱迪生用低调的态度来回应大家对他的崇拜。

从此,爱迪生的祝贺信、电报和礼物源源不断,各种新闻铺天盖地。但他仍然默默地改进着灯丝,向着新的目标——600 小时迈进。最终,他的样灯寿命达到了 1 589 小时。他的目标在不断地前进,他的人生在不断地升华,这就是一个世界著名科学家的人生追求。

面对失败,不要畏惧,只有不断进取,才能不断成功。许多人往往在一个目标达成之后便松懈下来。正因为如此,今年排名第一的销售代理,很可能成为明日黄花。为了不让希望落空,我们应当制定新的目标,不断向新的高度攀登。

目标前面还有更高远的目标,正是因为这些高远的目标与我们内心深处不断向目标进取的力量和信心,所以,在人生路上,我们不能有自满之心,要不断登上新的阶梯,不断进取。

进取心是成功的根本,没有一种向上向前的进取态度,任何成功都无从谈起。但进取既要有即知即行的"道根善骨",也要有坚持到底的坚忍力。什么是坚忍力呢?"坚"是坚持,"忍"是忍受,即在前进中遇到各种问题与困难时,能咬紧牙关忍受,不达目标誓不罢休。爱迪生说得好:"失败者往往是那些不晓得自己已接触到成功,就放弃尝试的人。"人生总会遇到关口,这时候,会感觉到加倍的软弱和无力,认为自己不行了,便放弃,于是功亏一篑。

著名作家歌德说过:"不苟且地坚持下去,严厉地驱策自己继续下去，就是我们之中最微小的人这样去做，也很少不会达到目标。因为坚持的无声力量会随着时间而增长到没有人能抗拒的程度。"

事实上，每遇到一次挫败，就动摇一次信心，这是人之常情。但是伟人与凡人的不同，就在其动摇信心的同时，会说服自己再次树立信心。许多历经挫败而最终成功的人，他们感受"熬不下去"的时候，比任何人都要多。但是，即使感到"已经熬不下去"时，也"咬咬牙再熬一次"，虽然是屡战屡败，但依然屡败屡战，终于在最后一刻，看到了胜利的曙光。孙中山号召大家推翻满清帝国，在全国多次发动起义，屡屡失败，最后别人讥笑其为"孙大炮"。但他还是号召同志坚持。最后，武昌城头一声炮响，终于结束了清朝的统治。

坚持到底的力量，体现在方方面面。很多时候，坚持就是取得最后成功的根本：哈维并非第一个提出血液循环理论的人，达尔文并不是第一个提出进化论的人，哥伦布并不是第一个到达美洲的人，洛克菲勒并不是最先开发石油的人。但他们都是最能进取、最能坚持到最后的人，所以惟有他们获得特别的成功。

人和竹子一样，往往也是"一节一节成长"：每过一道"坎"时，都充满颤抖般的战栗和紧张感，你会深深感到那种自我失去保护的痛苦，那种类似母亲分娩的痛苦，你必须将力量集中到一点上来。闯得过去就意味着你上了一个台阶，闯不过去，就意味着成长的失败。

因此，人生的"关键"时刻，往往是生命的紧张和痛苦汇集到一起来的时候，你必然会比平时感到加倍难受。但这是好事而不是坏事。如果缺少生命颤抖般的战栗和挣扎感，那就意味着你还没有触及成长的关键点，最终难以有所成就。所以，你要勇于承担那种

"建设性痛苦"。

1948 年，牛津大学举办了一个"成功秘诀"讲座，邀请邱吉尔前来演讲。当时，他刚刚带领英国人赢得了反法西斯战争的胜利。他是在英国人最绝望的时期上任的。赢得了这样的胜利，他此时的声誉可谓登峰造极。

新闻媒体早在 3 个月前就开始炒作，大家都对他翘首以盼。这天终于到来了，会场上人山人海。大家都准备洗耳恭听这位伟人的成功秘诀。

不料，邱吉尔的演讲只有短短的几句话："我成功的秘诀有 3 个：第一是，决不放弃；第二是，决不、决不放弃；第三是，决不、决不、决不能放弃！我的讲演结束了。"

说完就走下了讲台。会场上鸦雀无声。一分钟后，会场上爆发出了雷鸣般的掌声……

这是一个何等震撼人心的总结啊！

"知足"是一种心态，一种人生修养，更是一种心灵体验。知足者能够在无穷的需求与有限获取之间找到平衡点，从而寻求一种自我满足感。让心灵得到一份宁静，让心态得到一种平衡，让人生得到更多的快乐。"知足"不是自我满足，自我陶醉，迷失人生的方向，失去奋斗的目标，甚至丧失斗志，虚度年华，而是一种积极心态的选择。

"知足"要客观地认识自己，正确看待他人；既要横向与周围人比，又要纵向与自己的过去比；既要比物质生活上的满足，更要比精神生活上的富有；既要看到自己的进步，更要看到自己的不足。只有放平心态，才能在比较中获得满足，获得快乐。

人生要"知足"，还要"知不足"。"知不足，然后能自反"，就是说知道不足的地方，然后能反躬自省；知道自己有所困惑，然后能自我勉励。人生仅仅懂得"知足"也是不完美的，它只能使我们从中体验到人生的快乐，却不能给我们以人生的方向。

"知不足"不是贪得无厌，无限膨胀自己的欲望，而是在全面审视自己的基础上，从自身发展的需要出发，弄清自身存在的问题和未来发展需要努力弥补的不足。"知不足"是认清自身的现状，准确地评价自己，冷静地看待自身的差距。"知不足"才能知道自己缺什么，还需要什么，知道自己想要达到的目标，知道如何去完善自我、发展自我。

"不知足"是一种竞争的状态，是一种目标的选择，是一种进步的力量。是把人生的追求和对社会的责任，转化为个人前进的动力、拼搏的勇气和坚定的信念。人生的理想追求要不知足。

这里说的"不知足"，不是膨胀欲望，贪大求全，盲目追求，急于求成，而是一种进取精神的昭示。"不知足"要体现在人生追求的内在要求上，体现在实现自我价值的现实需要上，体现在社会发展的无限需求上。如此，方可在"不知足"中，不断发展进步。

生活上"知足"了，内心才能获得一份安宁。"知不足"，才能清楚地看到自己与别人的差距；"不知足"，才能使自己不断地向新的目标进取努力。人生应该就应该在"知足"中感受幸福，在"知不足"中寻找方向，在"不知足"中获取动力。

我们要在知足中快乐，知不足中清醒，不知足中积极进取。

进取心是成功的起点。有了进取心，我们才可以充分挖掘自己的潜能，实现人生的价值，充分享受人生的甘美。我们才能扼住命运的喉咙，把挫折当做音符谱写出人生的激情之歌。我们才能在生命中时刻充满青春的激情和朝气。

一个人的心胸有多大，舞台就有多大。进取心和想象力是成功的起点，也是最重要的心理资源。目光高远，时刻想着提高和进步，是成功者最重要的习惯。

进取心塑造了一个人的灵魂。我们每个人所能达到的人生高度，无不始于一种内心的状态。当我们渴望有所成就的时候才会冲破限制我们的种种束缚。如果一头牛不想喝水，你无法按下它的头。而一个不想进步的员工，即使拿鞭子抽他，他也不可能有出色的表现。一个没有进取心的人，我们怎么能奢望他付出更多的努力去培养其他的良好习惯呢？进取心是人类智慧的源泉，它就好像从一个人的灵魂里高竖在这个世界上的天线，通过它可以不断地接收和了解来自各方面的信息。它是威力最强大的引擎，是决定我们成就的标杆，是生命的活力之源。

有了进取心，我们才能扼住命运的喉咙，才能像保尔·柯察金那样在死神和病魔面前保持"不因碌碌无为而羞愧，不因虚度年华而悔恨"的从容和自信，在生命中时刻充满青春的激情和朝气。时代需要具有高度进取心的人。

微软全球高级副总裁、前微软中国研究院院长李开复曾经说过："30年前，一个工程师梦寐以求的目标就是进入科技最领先的IBM。那时IBM对人才的定义是一个有专业知识的、埋头苦干的人。斗转星移，事物发展到今天，人们对人才的看法已逐步发生了变化。现在，很多公司所渴求的人才是积极主动、充满热情、灵活自信的人。"

用你的进取心战胜一切，进取心是一种不达目标不回头的精神。有了它，我们就会勇往直前，向着我们的目标挺进，何患目标不能实现呢？进取心的真正意义就在于，它使我们知道不要辜负自己的一生，要去追求成功。

有些人千方百计开始一件事情，但却不能善终。对他们而言，所有的事情在到达终点之前就已经结束了。西班牙人以不耐烦出名，而比利时人却以有耐心而著称。聪明的猎人不仅跟踪猎物，重要的是他们会最终抓获猎物。一个人的进取心遭受到巨大的挫折，可能是因为某种原因，比如：没有在生活中找到适合自己的位置。当我们发现一个人充满失落和焦虑时，我们敢肯定，这个人在生活中一定是碰了钉子，或是由于没能实现自己的愿望。总之，由于某些原因，他感到自己被理想欺骗了。

如果一个人的进取心受挫，他的天性也会受到扭曲。严重的时候，当一个人的梦想破灭时，他就不能理智地去对待身边的人或者事情，从而讨厌别人，甚至讨厌自己，这样他就滑向了无底的深渊。在剩下的日子里，他就自甘堕落，一事无成地生活直到最后。这之中他会承受很多的心理上的痛苦，没有勇气再去实现自己的目标。绝望是他最好的形容。

不过，也许那个失败者也还是一个英雄。因为他承受了别人不能承受的痛苦和煎熬。但是，他们还是一程又一程地走下去，这是一种多么巨大的痛苦啊！

你应该有这样一种信念，世上有一项非你莫属的任务等待着你去完成，没有人可以取代你，因为每个人都有自己的任务。如果你没有进入自己的角色，这个世界便是不完整的。一个人只有在感受到这种不可推卸的责任的压力时，他才更容易实现自己的价值。这样，生命也被赋予了新的意义。

我们的生命中存有一些遥远的目标，我们拼尽全力去争取这些目标同样是对的，但我们也不能因此而忽略帮助别人渡过难关，或是感受日常生活之美的机会。约翰·鲁伯克说：几乎没有人理解获得生命的幸运，没有人真正体会到我们所存在的世界的壮丽，没有人知道我们想要自己变成什么样子，也没有人清楚我们掌握着巨大的、对这个世界来说极其重要的力量。

我们经常听到这样的故事，在一个农家，一个男孩被留在农场劳动，帮助家里还债，而他受宠的兄弟却被送进了大学。正是这种处境激发了他的进取心，最终他竟比那个上大学的兄弟取得了更大的成功。一个女孩为了照顾年迈的父母，放弃了接受高等教育的机会，或是牺牲了自己的婚姻。尽管她最初对自己小圈子之外的世界知之甚少，但她最后获得比她上大学的姐妹更大的荣誉。

成功通常不是一次努力的结果，而是许多努力的积累。成功者和不能成功的人，差别不在于天赋，而在于持续力。当你的行动没有达到预期的结果时，永远这么问自己："到目前为止，我做对了什么？"这样才有再试一次的勇气。人类追求不断的进步，并使人们得到满足。进取心就是向着目标始终不移地努力前进的精神力量，我们只有有了这种力量才能一步步地接近目标，最终实现目标，这样我们的人生才有价值。

不要抱怨播下去的种子不发芽，只要你精心呵护，总会有收获的一天。在你最想放弃的时候，恰恰是你最不能放弃的时候！积极进取才可以得到成功的果实。

第五节　胜败兵家事，滴水亦穿石

生活中之所以有很多失败者，是因为他们不知道，当他们放弃时，成功已近在咫尺。

————托马斯·爱迪生

永远记住：对成功的坚定决心比任何其他事情都重要。

————亚伯拉罕·林肯

世界上的事物就是这么奇妙，对立的事物却是相互依存。失败与成功也是形影相随的一对孪生兄弟。在学习中，考试成绩有时进步，也有时退步；课堂回答问题有时准确，有时失当。所以，没有成功就谈不上失败，没有失败也无所谓成功。

怎样看待成功与失败？

"失败是成功之母。"失败中孕育着成功。秦朝末年，刘邦与项羽争天下，战争中刘邦屡屡失败，几次险些被项羽消灭。但刘邦不灰心，他和张良、陈平等谋士们总结教训、屡出奇计，顽强与项羽争斗，最后在"垓下之围"一仗彻底战胜了项羽。倘若刘邦失败后不吸取教训，而是灰心丧气、悲观失望，迎接他的只能是新的失败。

成功也是失败之母。成功了认为万事大吉、忘乎所以，同样可能会转化为失败。三国时期过五关斩六将，威震华夏的关云长，在打了一系列胜仗之后，放松了警惕，根本不把东吴的"白面书生"毛头小子陆逊放在眼里，结果是大意失荆州，落了一个走麦城的下场。

失败之后见好汉。真正的英雄好汉并不是不失败，而是在失败面前表现出更加坚韧不拔、不屈不挠的英雄本色。我国著名数学家，庞加莱猜想"封顶"者之一的朱熹平教授，在谈到他为世界数学界所瞩目的成功时说，他是"把失败看成常态，把成功当作偶然"。正是面对一次次失败而从容应对，他最终证明了"庞加莱猜想"这一世界数学难题。

中国共产党人在 1927 年大革命失败之后遭受了重大失败，无数党员倒在血泊中。但是他们没有屈服，没有悲观，擦干身上的血迹，掩埋好同伴的尸体后，又继续战斗了。他们举行了秋收起义、南昌起义、广州起义。在第五次反围剿失败后，中国共产党人和他们领导的红军遭受了重大挫折，被迫进行二万五千里长征。在抗日前线他们不断发展壮大，最后夺取了全国政权。中国共产党人是真正的英雄好汉，是中华民族的精英，他们在失败面前表现出顽强不屈、百折不挠的精神，是同学们学习的楷模。

学习成败关键在自己。学习成绩有时下降是不可避免的现象，是主、客观条件造成的。失败之后怎么办，是走向成功还是走向新的失败，这关键要看你如何对待失败。不去认真总结经验教训，而是一筹莫展，认为自己能力差，那是懦夫的表现，是不理智的行为，是走向惨败的开始。

成功面前要当好汉，失败面前也要当好汉。同学们无论是平时学习还是升学考试，成功了不要忘乎所以，要戒骄戒躁，争取在新的起点上取得新的进步。失败了不要垂头丧气，失败与成功之间没有不可逾越的鸿沟。失败了要学习勾践卧薪尝胆的精神，就会变失败为成功。

经得起成功也要经得起失败，有再大的成功、进步也要保持清醒的头脑；再大的失败、退步也打不倒、压不垮。胜不骄、败不馁，这才是好样的，是同学们争取优异成绩的必备条件，也是将来成为优秀人才的必备条件。

人的思维是了不起的，只要专注于某一项事业，那就是一定会做出使自己都感到吃惊的成绩来。

——马克·吐温

在辽宁省本溪市山区有一个很大的黑龙洞。山洞出口处坚硬的岩石地上，有许多二三寸见方的小水坑，游览的人们好奇地用木棍伸进小水坑中一量，最深的两尺有余。是谁在岩石上凿出这些小水坑？疑惑的人们抬头看到山洞顶岩石上滴下的水一滴滴落在水坑里，才恍然大悟，原来正是这些水滴"凿"出了这些小水坑。这不能不让人惊叹大自然的力量。

看到这一景观，人们在赞叹大自然奇妙的同时，也深深感悟到其中蕴涵的人生哲理。

水滴石穿，在于持之以恒。一滴水的力量实在是微不足道的，但长年累月不停地滴在岩石上，也将坚硬无比的岩石"凿"出一个个小水坑。

同学们的学习何尝不是如此。一天记忆 3 个英语单词，这在每一个同学看来都不是难事，一年 365 天，就会记住 1 095 个英语单词，那么 3 年、10 年呢？有这种不断的积累，你能学会多少知识？

但问题的关键是能否持之以恒，能否在任何情况下、任何时候都能坚持不懈。知识在于积累，谁也甭想一口吃个胖子。静下心来仔细想一想，有些同学成绩不佳，正是在于缺少知识的积累，缺少恒心。

水滴石穿在于不畏强敌。

一滴水的力量怎样能和坚硬无比的顽石相较量。水滴石穿的可贵之处也在于它不畏强敌，敢于和强敌斗争。"你石头不是坚硬么，看我小水滴长年不停地凿你，能否凿穿你。"坚信自己的力量，"明知山有虎，偏向虎山行"，一定要战胜敌人，这恐怕是水滴石穿给人们的又一启示。

学习中，谁都会面对一些难学的知识，难解的习题。面对这些"强敌"怎么办？是回避、绕过去，还是相信自己的能力，下决心千方百计去战胜它？这是对每个同学的考验。有多少同学面对"强敌"

敢打敢拼，成为佼佼者；又有多少同学害怕困难，躲避困难绕道走，结果给今后学习设下一个个拦路虎。

水滴石穿在于高度专一。水滴力量微小，之所以能穿透岩石，还在于专心致志，千年万年集中打在一个点上。设想一下，如若没有这种专一，它岂能穿透岩石。

人们常说某某是专家，专家就是从事某一专业，并卓有成就者。一个人的时间和精力都是有限的，要有所成就，就要集中精力进行专业研究。

学习也是同理。中学6年时间非常有限，而学习任务是繁重的，要想学好知识，成为优秀者，就要专心致志。

讲实话，要真正做到专心致志实属不易。人并非生活在真空，家庭中的某些琐事、个人学习中的进步后退、老师的批评表扬、个人的名誉得失，都会影响自己的情绪。

这就要学会"舍"和"得"的关系，只有有"舍"，才会有"得"。

二战时期，大科学家爱因斯坦由于受到德国法西斯的迫害迁居到美国某城市。由于专心于科学研究，他从来不把穿戴打扮、修饰自己当成一回事。

为了思考问题，他经常头发、胡子不修理，穿着睡衣在大街上散步思考问题。有的朋友劝他注意些穿戴打扮，他笑笑说："反正又没有人认识我"。多年后爱因斯坦成为众所周知的大科学家，为了潜心于科学研究，他仍然是不修边幅。朋友劝他讲究些形象，他还是笑笑说："反正人们都认识我"。

有一次，他思考问题由于过于专注，一头撞在路旁的电线杆子上，他笑着说声"对不起"，绕开电线杆子继续考虑他的问题。

爱因斯坦之所以成为20世纪最伟大的科学家，专心致志潜心研究也是原因之所在。他在"舍"和"得"问题上，是我们学习的楷模。

同学们要学习爱因斯坦这种全力以赴潜心研究的精神。要有宽阔的心胸，为了未来的目标，不计得失、淡薄名利、宽宏大量，不要被一些鸡毛蒜皮的小事所纠缠。

让我们记住清朝大画家郑板桥的话："咬定青山不放松，任尔东南西北风。"

应该相信，自己是生活的战胜者。　　　　　　　　　——雨果

伟大的事业根源于坚韧不断的工作，以全副的精神去从事，不避艰苦。　　　　　　　　　　　　　　　　　　　　　—罗素

学习中你是否也遇到过类似情况：某同学数学成绩较差，他在一段时间内用了很大努力就是不见起色，这让他很是苦恼；某同学进入高三后成绩一直下降，他费了九牛二虎之力仍没有好转，这让他十分忧虑；某同学平时成绩不错，但一到大型考试成绩总是很不理想，这让他陷入痛苦之中。

这些现象就是学习陷入了困境。这种现实容易让人深深陷入苦恼之中，令人心烦意乱、吃不香睡不着，真有一种山穷水尽、走投无路的感觉。

当面临这种困境时，怎样走出困境？最根本的是要有一种不服输的精神。

中国人民解放军武警部队某部团政委丁晓兵，1984年在自卫反击战时失去了右臂。他受伤后被分配到连队当指导员。在他刚到连队上任的第二天，连队组织紧急集合训练，全连都到齐了，他的背包还没打好。当他最后一个出来，站在全连官兵面前时候，面对的

是一片怜惜和怀疑的目光。好强的丁晓兵脸上如火烧，他暗下决心：
"我要用一只手创造一流的业绩！"

为了练好打背包，他一个人躲在房间里，脚、嘴、左手并用，
练得手指磨破了皮，嘴角流出了血，直到打背包的速度全连官兵没
一人能赶上他。

丁晓兵一只手要适应军事训练，要克服多大的困难，可他就是
凭借"我要用一只手创造一流的业绩"的不服输精神，顽强拼搏、
艰苦训练，走出困境。这种精神是调动人自身巨大潜能的动力，也
是同学们学好科学知识的法宝。

学习中谁都难免会遇到困境，关键是你怎样对待它。是知难而
退还是知难而进？这就要看你有没有不服输精神，有没有直面困境、
傲视困境的气魄。只要你有一股不服输的精神，像丁晓兵那样去奋
斗、去拼搏，相信你一定会走出困境，成为优秀者。

当然，要战胜困难，摆脱困境，决不是轻而易举的事。不但要
有不服输、压倒一切的气魄，还要有科学的态度。这里再提出一些
"解脱之术"，以帮你跳出"苦海"。

不要灰心。面对困境要有战胜困境的信心，相信自己的能力，
越困难时越要鼓舞自己的士气，不妨经常暗示自己"我一定能走出
困境"，"再难也压不倒英雄汉"。只要有一种压不倒打不垮的精神，
总会有一个战胜困境，"峰回路转"的时候。

埋头读书。面临困境，最好的办法是埋头读书，静下心来去钻
研书本、做习题，让苦恼的心情走开。苦恼的事越想越烦心，越令
人心神不宁，不如干脆不去想它，心情倒是会好些。

调节心情。心情影响情绪，情绪影响生理和学习。调节心情的
办法就是从阴影中走出来，去想自己高兴的事，或是和家人一起到

效外、到公园散散心，或是读一些喜闻乐见的书籍，或是和知心好友聊聊天。当你放松了心情，从苦恼中解脱出来，才能静心考虑问题，也许正是这种时候，你会真正领悟到问题之所在，找到走出困境的方法。

找出根源。走出困境最根本的是分析困境出现的根源，找出解决的对策。其方法多种多样，首先是求得外界帮助，你可以通过和老师讲述你的做法，让老师帮你找出问题之所在，还可以找老师帮你以分析试卷的方法，找出问题的根源；再者你去认真地研究书本上例题，分析它的思路和方法，就可发现自己存在的问题；你还可以通过学习分析优秀生的一些学习方法，通过比较也可以找出自己的问题之所在。

总之，只要有一种百折不挠的不服输精神，科学分析问题的根源，找出相应对策，你就一定会走出困境，迎来学习上"百花争艳"的春天。

第二章　学习能力，重在培养

第一节　集中注意力，学习无阻碍

无论做什么事，都要用全部的精力和集中的注意力。

——达尔文

陈毅元帅不仅在战场上是叱咤风云的军事家，而且在文学、书法方面也有很深的造诣，这与他自幼专注好学是分不开的。据说陈毅小时候，有一次他正在看书，妈妈给他端来刚做好的饼和芝麻酱，叫他用饼蘸着芝麻酱吃。他一边看书一边吃饼，书桌上放着一个大墨盒，他竟把饼蘸着墨水，一口一口吃得很香。妈妈走进屋看到他满嘴都是墨，吃惊地叫了起来，这时他才发现自己蘸的是墨水。妈妈一边责怪他，一边心疼地拉他去漱口。小陈毅却笑着说："没关系，吃点墨水好哇，我肚子里的'墨水'还太少呢！"陈毅元帅吃墨水的故事被世人传为美谈，这表现了他自小学习就有高度的注意力。

注意力是学习的必要条件，是学习知识的一种能力。课堂学习有高度注意力，才能全部领悟老师讲到的知识；课下做作业有高度注意力，才能高效优质的完成作业；实验课堂有高度注意力，才能观察到实验中细微的变化。成绩优秀者与成绩差者的一个重要区别，就是他们学习专注程度不同。多数学习成绩差的学生并非智力差，而由于注意力不集中。

为什么注意力会有如此大的作用？这是因为，从生理学分析，人脑分为各自独立又相互联系的各个区域，各区域专门负责某一方面功能。人在从事某种简单的活动时可以顾及到几个方向，比如走路时可以边走路边看周围环境；但在从事高度复杂的脑力活动时，人脑就形成一个兴奋中心，其他部分则处于相对抑制状态，来保证这一兴奋中心的工作效能。

高度注意某一活动，就会有效激活相关脑细胞，对活动进行深入分析，并有效调动大脑已存储的信息，对新信息进行加工和处理，由此产生新的信息。如听课、做作业时，只有高度注意，才能有效调动大脑已有的相关信息，深入思考，有效加工信息，课堂上就能最大限度获取知识，做作业就能准确高效地完成任务。如果精力分散，就不能激活大脑皮层相关信息，大脑就不会听从你的"使唤"，对问题没有思路，就不能高效准确地分析问题。

吻着一个漂亮姑娘还能把车开得稳稳当当，只能说明这人吻得不够专心。

——爱因斯坦

注意力和刺激之间的联系已经被广泛认可了。这两者的关联是理解注意力和学习如何控制注意力的核心。当你处于缺乏刺激和过度刺激的状态下，是难以集中注意力的。你注意力最集中的时候也就是受到恰当程度刺激的时候。

心理学家使用"刺激水平"来描述你感到无聊或兴奋的程度。这是个心理学词汇，是通过你的肾上腺素分泌的数量多少来判断受到的刺激水平。肾上腺素的分泌数量，反过来也取决于你感觉无聊或兴奋的程度。刺激也被称作激活或驱动力。

刺激和肾上腺素的关系就好像是难以判定先有鸡还是先有蛋一样：你越觉得兴奋，就会分泌出越多的肾上腺素；分泌出越多的肾上腺素，也就会让你越兴奋。反过来也是一样的。你越感到无聊，你的肾上腺素分泌得越少；你的肾上腺素分泌得越少，那么你就越觉得无聊。无论是过度兴奋还是缺乏兴奋，你的注意力都会受到不良影响。

当你受到过度刺激，肾上腺素水平过高，就说明你处于过度兴奋的状态。根据你当时的想法和情况，你可能会感到紧张、过度兴奋、担心、愤怒或害怕。设想一下你发表演讲前的几个小时，或者是大考前，或即将面对挑战时，你的心跳会加速，呼吸会慢慢地加重，觉得自己的大脑已经处于飘忽游离状态。

当你没有受到刺激的时候，你肾上腺素分泌水平很低，你缺乏足够的驱动力。你可能会觉得停滞不前、行动缓慢，或毫无动力。设想一下你要写一份技术报告，或者要整理壁橱，或要去报税。你很难集中精神全心投入，于是你觉得自己行动缓慢、昏昏欲睡，非常想查收电子邮件、想看电视，或吃点零食，或者去做任何一件比手头枯燥任务有意思的事情。

当受到适度的刺激时，你处在一种"放松戒备"状态：肌肉是放松的，但意识则保持警惕性。注意力专家把这种放松戒备状态称为"最优刺激"状态，这时的你拥有最佳的注意力驱动。你受到足够的刺激，体内分泌出适量的肾上腺素，你觉得自己是积极的、自信的、注意力集中的。想想你正在做真正喜欢的事情：在看一本引人入胜的小说，或者去心仪已久的地方旅游，你会感到思路清晰和全心投入。在这种状态下保持注意力集中是轻而易举的。

当你处于恰当的刺激下，你的感觉是敏锐的，完全能够集中注意力拥有良好的注意力会让你受益匪浅。

当谈到提高注意力，注意力专区就是我们要关注的地方。当我们处于这区域的时候，感觉的确很棒。想想上次做你真正喜欢的事情时：可能是你的业余爱好，或喜欢的运动等。你可能正在寻找自己喜欢的话题，整理电脑中的乐曲，或跟好友聊天。当全心投入地去做某事的时候，还记得你当时的感觉是什么？轻松的，但充满活力的你可能还可以回忆起那种令人舒适的感觉，你做的事情都是有计划、有意义、有积极性的。也许你曾经暗想，"要是总这样就好了。"

其实大部分的时间你都可以感受很棒。只要通过训练，你可以教会自己如何将注意力。高度集中，像接受心理技巧训练的奥运健儿一样，你可以自主地选择是否集中你的注意力。不管你是要完成一些确实无聊的工作，还是要面临人生中的某个生死攸关的紧张时刻，你都能应对自如。顶级运动员通过训练可以达到巅峰状态，你也可以做到。

当你不处于注意力专区的时候，不管发生什么事情，你的肾上腺素分泌水平都是不合时宜的，不会适合你目前的情况。不处于注意力专区的你，大脑充斥着过量的或者是较少的肾上腺素，在这样的状态下，你很难顺利完成自己的任务。

不过，你可以自由决定自己何时处于注意力专区。就像一个优秀运动员一样，你可以进入或者离开你的注意力专区。你可以使用你的思想、感情和行动来改变你的肾上腺素分泌水平。

还记得那个先有蛋还是先有鸡的循环吗？很难判断谁是根本的

影响因素，是刺激太多还是过多的肾上腺素分泌。这的确是个怪圈，但是你可以打破这种相互影响的循环。利用优秀运动员使用的心理调节技巧，你可以增加或减少需要的刺激，调整你大脑内的肾上腺素分泌水平。你可以返回一种轻松的戒备状态，可以自由控制自己的注意力专区。

想想那些需要平衡的运动，如溜冰、滑雪、自行车等，在速度极缓或极快的时候，你觉得自己处于失控的状态。想要重新控制自己，需要两个步骤：首先，你必须认识到，你已经失去了控制。其次，你需要加速或减慢来重新恢复平衡。

当你觉得心烦意乱、无聊或受到挑衅的时候，恢复你的注意力也需要两个步骤。首先，你必须认识到，你现在不在自己的注意力专区里。然后，你需要运用一定技巧或策略重新返回注意力专区。有很多方法可以做到这一点。

在人们的生活、学习和工作过程中，注意力起着非常重要的作用。注意力是学习的窗口，没有它，知识的阳光就照射不进来。对学生的学习来说，注意力的好坏也是至关重要的。教师在总结教学经验时，都知道学生学习成绩不理想可能与注意力不稳定、不集中、分配不合理有关。研究人员做过这样的实验：让试验的人在注意力高度集中时背课文，只需要读9遍就能达到背诵的程度。而同样的课文，在注意力不集中、或涣散时，竟然读了100遍才能记住。可见，它与学生的学习效率有着非常密切的关系。因此，教育专家指出："哪里有注意，哪里才会有思考和记忆。"注意是认识和智力活动的门户，而学习成绩好的学生与学习成绩差的学生之间明显的差别之一就是注意力的好坏。学习成绩好的学生，能集中精力听讲、阅读、独立思考问题，认真做作业。他们在学习时很少受外界的干扰，即使有时老师的课讲得并不那么生动，但他们也能自我约束，有意识地组织注意力，不让自己的思想开小差。许多学习成绩差的学生恰恰相反，他们注意力涣散，不能全神贯注地听讲。时而做小动作、抠耳朵、挖鼻孔、抓头皮；时而与同学交头接耳，逗闹一下；有时貌似听课，实则思想离开课堂，开了小差。读书时也一样定不下心来，做作业东抄西看。有的甚至在上课或复习课时没有精神，打起了瞌睡。这些学生怎么能够把学习搞好呢？许多有经验的老师都认为："在同一个年龄段的同一个班级里的学生，经常会出现学习成绩差别很大的两个极端。

究其差别的原因，除了学习动机和学习态度及学习方法等因素以外，一个很重要的因素就在于这两部分学生之间，听课效率的问题，而听课效率的高低又大多取决于上课的注意力集中程度。注意力是否高度集中，是学习是否高效、学习成绩是优还是劣的一个重要原因。有的同学提出，我和某某同学一样在听课，一样做作业，为什么他就比我成绩好得多？其实他还没有悟出"注意力集中程度不一样，学习效率也就大不同的"道理。

注意力的好坏并不是先天遗传的，而是靠后天的学习培养和训练得来的。有些人经过培养训练，注意力和注意品质得到很好的提高。所以，要想提高注意力，培养其良好的注意品质就应该进行有意识的训练，而更多的是来自教师对学生的培养训练。那么，学生怎样训练培养自己的注意力呢？

（一）学生自己要在课堂听讲时锻炼自己的注意力

课堂听老师授课是学生在学校学习的基本方式，占学生学习时间比重较多。如能重视课堂学习，注意听讲，不仅能掌握好课堂知识，还能发展自己的认识能力。长期坚持专心听讲，还会培养良好的注意品质。要搞好课堂学习和提高注意力应该做到以下几点：

1. 课前要认识到这堂课的重要，因为每堂课的内容都有它的重要性和意义，都有一部分新的知识要学生去掌握。多想这些重要性，并以此引起学生对课堂的兴趣和注意，学生就能专心听讲。

2. 要认识老师讲课的重要性，要适应老师的讲课方式。一般说来教师都具有比学生丰富的经验和专业知识，有经验的教师还能教给学生怎样去学习知识和发展自己的能力。要认识到没有老师的授课和指导，学生学习的困难就会增大，甚至学不下去。作为学生，你要常提醒自己，要听好老师的讲课，向老师学习，不能错过学习的好机会！

3. 排除干扰不受内外界的影响。当你发现自己有轻视讲课内容的苗头，或教师讲课方式不适合自己口味，或思想不自觉开小差的时候，要及时纠正过来，不能任其发展。当课堂上出现不安静或受外界的影响时，也要排除干扰，不受影响，保持集中注意的心理状态。上课不是看电影或听故事，没有强烈的故事情节和鲜明的形象，去吸引着你的注意。

4. 提高课堂学习效率，学生还应该有意追踪课堂内容和老师的思维活动。如果在课堂上只将注意力集中在听老师的讲课，不思考老师授课的内容，不理解这些内容。那么，老师的声音就会变成催眠曲，使你慢慢进入瞌睡状态。所以，上课专心才能听得懂，一边听讲，一边很快地思考，弄懂老师所讲的意思，跟随老师讲解进行积极的思考和对问题的探究，则会使你的大脑处于兴奋状态，也就是使你的注意力集中在讲解的内容上。有经验的老师说："会听课的同学，总是听老师怎样提问题，分析问题，他的思维总是像一个探照灯的光束，紧紧地追踪着老师的思路。"课堂上一边听一边想，这种思考是快速的，如果思考过深、过慢则会影响后面的听课。所以，细细地咀嚼，深刻地思考和归纳，疑点的解决主要靠课后的复习或向老师同学去请教。

5. 课堂上要善于分配注意力。课堂上不仅要听、看、想，而且还要记笔记，怎样合理地分配注意力，而不至于顾此失彼，也是很重要的。有些学生只顾一字不漏地记老师讲的内容，但没有功夫思考；有些学生只顾听，不愿思考一下，听而无味；也有的只顾着想，忘了听下去，或是记笔记，其结果都会影响上课的效果。有经验的学生善于转移和分配注意力，他听讲时还要快速地想想，当听到重点的内容或老师补充教科书上没有的材料就简要地记一下，以帮助课后复习和理解。如此分配注意力在听、想、记上，以理解内容为重点，兼顾各个方面，结果不但是大大提高了课堂学习的效果，而且还培养了注意力的转移和合理分配的能力。

（二）在阅读中培养自己的注意力

有关的研究指出，注意力是集中还是不集中直接影响着读书的效果。读书的目的就是理解书中的精神实质，记住书中的主要内容，要做到这些，就必须集中注意力，特别是在深入思考书中所讲内容的深刻含义时，必须聚精会神，高度集中注意力。所以说，在阅读过程中集中注意力是理解和记忆的前提条件。那种随意乱翻，心不在焉的读书方式是没有什么收获的。

在阅读教材或有关的参考资料，精读其他的书籍时，要想获得好的学习效果，就必须集中注意力，而且把读书与训练注意力结合起来。许多著名的学者都很注意这方面的训练。例如：有的人在读书时，就经常在一些重要内容旁边用划符号或用"！""？"以及

"☆"作记号以引起注意。

梁启超是我国近代的一位大文学家。他曾经告诫他的学生,如果想要学会读书,就要读书读到能将书平面的字句浮凸出来为止。所谓使书平面的字句浮凸出来,也就是说在读书过程中要对阅读材料选择性地给予不同程度的注意。

那些不重要的字句游览一下就放过去了,而对那些重要的关键的字句,则要给予充分的重视。甚至做到在阅读某一篇文章时,能一下子注意哪些是最重要、最关键的字句,好像这些字句是有别于其他字句浮凸在书面上似的。梁启超的读书法很有效,因为它能提纲挈领地马上使人掌握某一篇文章的重点和关键。掌握这个读书法的一个技巧,就是训练对那些关键词句的集中注意力。事先确定一个阅读范围,在阅读时,只对最重要的、最关键的部分给予最集中的注意,天长日久,每读一遍文章时,你就会发现书上总有某一个重要的注意点毫不吃力地浮凸出来了。

心理学认为,注意是人在清醒意识状态下的心理活动对一定对象的指向和集中,当人对某一事物发生高度注意时,就会对这一事物反应得更迅速、更清楚、更深刻、更持久。有位教育家说过:"注意是人类心灵的唯一门户,意识中的一切必然经过它才能进来。"只有那些进入注意状态的信息,才能被认知,并且通过进一步加工而成为个体的经验,其目标、范围和持续时间取决于外部刺激的特点和人的主观因素。如果学习时学生注意力分散,心不在焉,那就很难集中在一定的学习对象上,就会导致视而不见、听而不闻的现象发生,也就不能很好地感知和认识教材。

注意力是影响学习效率的最重要的因素之一。它是一种非智力因素,在学生的学习过程中起着重要的作用。

（三）根特的集中注意训练法

根特先生是德国著名的哲学家，根特在读书时经常使用一种精神集中法。其做法是，当他在读书前，或者在书房里深思冥想问题时，他必定是透过窗户凝视着远方屋顶上的一个随风摆动的风向标箭头，他一边眼盯着风向的转动，一边下意识地沉浸于深深的思考之中。这种方法大大帮助了他，他在哲学中的许多理论就是这样思考出来的。这种方法好像没有什么奇特，有的读书人也有这方面的经验，当两眼凝视着某一点时，一边对着视点出神，一边思考着所要解决的问题，或者思考已读过的内容，好像在无形之中，注意力就集中在了一起，促进了思考的深度。

这种做法之所以会产生如此好的效果，也还是有其道理的。当人的两眼长时间地凝视在某点时，视野就会变得狭窄，那些容易吸引你并导致注意力分散的事物也就不会进入眼帘。因此，人的意识范围也随着变窄，从而使人达到注意力集中的心理境界。

有一位成就颇高的学者说过，他读书之前，或在思考问题时，喜欢双眼盯着窗外的松树枝，目不转睛地望着，望着，很快地就能集中起注意力来，不自觉地进入了学习的遐想，这种方法对他的读书或思考问题很有帮助。希望广大的学生也能像这些学者那样，当你一坐在书桌前，就习惯地把面前某一件东西作为注意的靶子，例如：屋外的天线、树枝、电线杆，或书桌上的台灯开关、铅笔、台笔、自己的手指等。然后用双眼凝视着它，并且经常做这种练习，一定会有好的效果。

下面再讲一个练习凝视并取得奇效的故事，是京剧大师梅兰芳小时候的事。梅兰芳是一代京剧宗师，是梅派创始人，我国四大名旦之首。这样一位著名的京剧大师，他的戏得到了中国乃至全世界戏剧界的尊崇，即使不懂京剧的人，也为他的演技所倾倒，特别是他那优美的姿势、悦耳的唱腔和活灵活现的眼神都给人以美的享受，使人为之倾倒。梅兰芳小时候，家庭多灾多难，父母早亡，家道早衰，而他自己也资质不高。第一位启蒙老师看到那时8岁的梅兰芳，小小的圆脸，相貌平常，而且眼皮下垂，两眼无神，呆滞近视，就觉得这孩子不像是个唱戏的料。在教他学戏时，一个上午只教4句，教了一遍又一遍，可是这个学生对这4句唱腔不是忘了词儿，就是唱错了腔，一次也没有唱好。

这位先生一气之下，拂袖而去，赌气再也不教他了。梅兰芳后来发奋学戏，博采众家之长，融为一体，形成自己的风格，发展为梅派。所以说梅兰芳的成功完全是勤学苦练的结果。梅兰芳大师在他的舞台生涯40年时说："我是个拙笨的学艺者，没有充分的天才，全凭苦学。"

梅兰芳先生从一个资质平常的孩子发展成长为世界著名的艺术家，他的成功值得我们深思。眼神是演员的一大命脉，梅兰芳先生是如何将自己呆滞的眼神治好的呢？说来也有点戏剧性，他是通过放鸽子治好的。以前北京有许多人爱养鸽子，梅兰芳先生小时候也非常爱养鸽子。养鸽子的人每天把自家的鸽子放出去，鸽子在天空飞翔，养鸽的人在地面上观察指挥，用一根长竹竿，上面系上一条红绸子，指挥鸽子起飞，如果换成绿色的绸子，就是要鸽子下降的信号。附近有许多家的鸽子放在天空，而鸽子也有个有趣的习性，喜欢相互地串行飞，如果自家的鸽子训练的不熟练，很可能被人家的鸽子拐走。梅兰芳要手举竿子，不断摇动，给鸽子发出信号，同时还要仰着头，抬着眼，极目注视着高空中的鸽子群，要极力分辨出鸽子群里，有没有混入别家的鸽子。天长日久地练下来，梅兰芳先生的眼皮下垂竟然治好了，呆滞的眼神变得灵活传神了，视力也得到了极大的提高。臂力、腰部也锻炼得发达了，注意力也更加容易集中了，学戏的效率也提高了，思考能力增强了。

据说以前练习射箭的人，将一个中间空的小铜钱挂在远处，经常远远注视它，分辨出铜币的空心，练到一定的时候，再练习注视高空中的飞鸟，极力分辨鸟的头和身子及其他部位，长期坚持训练，其结果不仅增强了视力，而且还增强了集中注意的能力。

据说这是训练神箭手的方法。

四、如何克服注意力分散的毛病

许多学习成绩不理想的学生，都存在一个共同的缺点，就是注意力不集中，上课时思想容易开小差，阅读时不专心，做习题时精力不集中，做什么都漫不经心，懒懒散散，粗心大意。这些学生只有克服掉注意力不集中的毛病才能把学习搞好。怎样做才能克服掉这种缺点呢？

1. 在上课或做作业时，你要不断地对自己强化这两件事的重要性。"这堂课的内容很重要啊！要注意听！"又如"这本书很有意思，我要好好地读。""独立完成作业是件愉快的事，我要出色地完成它。"由此能产生学习兴趣，引发注意力。

2. 当你发现思想开小差时，立刻把它叫回来。利用个人意志的力量也能控制自己的注意力。有意识地控制自己的注意力，不许注意力不集中，开始有点困难，一旦养成习惯，反而感到集中精力干事或学习是一件很愉快的事，当你有这种体会时，就说明你的注意力水平提高了。有位专家这样说："专心本身并没有什么神奇，只是控制注意力而已。"

3. 培养注意重点的习惯。学生不管是听课，或者是作业，还是做别的什么事情，都要动脑分析、综合和比较，通过思考区别出所学内容的重点和非重点，本质和现象。

充分认识集中注意力的重要性和注意力分散的危害性，从而形成自觉的动力，自我严格要求，战胜注意力分散的不良习惯。动脑思考，不仅能把注意力吸引过来，而且一旦区别重要的与一般的内容，便能使认识得到加深，还会产生愉快的体验，使注意力稳定得更长的时间。训练自己的注意力，一方面要将注意力稳定于注意对象不断发展整个过程，并且要注意各种系统性的练习。同时，还要在每一过程的练习中区别出主次、轻重、缓急。作为注意力的训练，教师不仅要学生把语文课当作练习注意的场所，把各门课程都当作练习注意的场所，还要把校外活动当作练习注意的好场所。学生在每次活动或上课时，都要动脑分析内容的主次。坚持下去就能增强你的注意力。有关的专家认为，集中注意力就是将精力指向特定的对象，专心的意思主要指专注地思考对有关的事物进行分析综合、比较归纳、抽象概括和系统化、具体化的思维。可以说所有伟大的科学家、艺术家和学者都具有高度集中注意思维的非凡能力。学生们要想成为人才，就必须训练自己的注意力，特别要训练自己专心进行思维的能力。

4. 培养自己注意力的可靠途径。学生在训练自己能在各式各样的环境条件下，专心学习。及时确立目标和追求。目标和追求是一种动力，一种精神支柱，有了目标和追求就会竭尽全力去实现它，在学习中必然能集中注意力。一旦确定了要干的事，你就要有计划、有目的集中注意力，去干好要干的事，不受其他刺激的影响和干扰。训练闹中求静的能力，无论环境干扰多大，都能全力以赴投入学习，战胜干扰，保持注意力集中。据说毛泽东在青少年时代为了锻炼自己的注意力，就经常到繁华闹市去读书，而且能不受周围环境的影响。坚持无论读书学习，还是干事情，都把它们当作锻炼注意力的机会，久而久之，良好的注意习惯就逐步形成了。

原苏联心理学家普拉托诺夫说："要想使自己成为一个注意力很强的人，最好的方法是，无论干什么事，都不能漫不经心！"

（五）运用注意力的几点技巧

注意力是指在认识事物的过程中，人的身心稳定和集中地指向于一定事物的意向活动。注意力在这种认识和学习活动中都起着主导和保证作用。有人说注意是智力活动的警卫、组织者和维持者，可见注意与智力活动关系之密切。在智力活动中如何才能发挥好注意力的作用呢？这是一门学问，有技巧问题。下面介绍两个要点：

1. 学会不想自己：很多人都有这样一个毛病，经常以为自己是被注意的中心，因此，不自觉地把注意力指向自己。例如，当你穿一件新衣服，或者戴一顶新的帽子，总以为众人都在注视自己。当一个学生考试不理想，或做了一件错事，他就会觉得众人在议论自己，看不起自己，甚至觉得没脸见人。一个学生站座位上回答问题，虽然很紧张但还能答出来。如果他站到讲台上面对着全班的同学，他会紧张得说不出话来。他害怕答错了惹人耻笑，怕老师批评，怕同学会议论等，其结果是越想越怕，以致惊吓得连话都说不出来。其实这种以为别人在注视着自己的想法多半是或完全是自己的臆想，自己的许多不自然的态度和表现是自己遐想的结果。每个人都有自己的任务，有自己的事，每个人的思想重点或注意指向都不相同，他们不可能有那么多时间注视你、正像你自己经常把注意力指向自己一样，可能别人也还未顾得上注意你呢？即便别人注意你也没有什么可怕的。

有位学者说："自我的感觉是一种形式。别人并不会如你所想象的那样关心你。别人各人有各人的事要忙。记住这一点，你在别人面前便不会感觉不舒服了。"

克服这种恐惧感的方法首先是不想自己，不要把注意力放到自己身上。其次，是把注意力集中在眼前要解决的任务上，专心致志地干事的人，不会为其他事引起不安。第三，如果眼前没有任务，那么，你不妨想点别的事，把注意力引到其他事上去。有位专家说，不想自己的方法是要寻找一点别的事来想。你必须寻找一种代替物。寻得代替物之后，想自己的毛病便可毫不费力地除去。假如你坐在礼堂的讲台上，当你看到台下坐满了人，你可能觉得大家在注意自己，在议论自己，在笑自己，你越觉得坐在台上不舒服，越感到紧张，甚至准备的演讲都忘了。假如你不想自己，把注意力转移到别处，就不会产生紧张害怕的心理。在考试时也是如此，如果考前老是想，我考得不好会怎么样，同学老师会如何看我等，也会增加人为的紧张，倒不如把注意力转移到别处，转移到代替物上。例如：眼前的钢笔、手指之类，再配合着用深呼吸放松法，使紧张的情绪得以消除。

2. 学会听的技巧：学会听是很重要的。听是个体认识世界的重要方式之一，倾听也是人际交往中的重要方式之一。在人际交往时首先要倾听，只有认真听人讲，才能了解他人，学习他的知识，从而丰富自己。也只有通过倾听，才能理解他人，理解人格，理解人际关系的深层含义。

一个善于倾听的人，在听他人讲话时，要反问自己，能不能觉察出讲话者内心世界的状态？倾听他人讲话不仅能使听者真正理解一个人，而且对于倾听者也有奇特的效果。倾诉者被认为已被人理解，似乎得到了解脱，从而消除了个人的孤寂感，使倾听者的心情得到了安慰和满足。对于学生来说，学校学习的主要方式是课堂教学，课堂学习时间占据了学生学习的大部分时间。学会听课对于学生的学习和个人发展是至关重要的。听，有技巧问题，有注意力的稳定、分配和转移问题。另外，有些不良习惯直接妨碍着学生听力水平。一般来说，有以下几种。

1. 我的思维不愿意等待。研究指出，人的思维的速度比人的说话速度快 3~9 倍。当听旁人说话的时候，个人的思考活动常处于等待状态，如果此时的注意力转移，去思考另外的问题，那么听到别人谈话的内容是时断时续的。结果听者的头脑里只留下片言只语，丢掉了别人说话的详细内容。

2. 当听人说话时，自以为知道了，不再注意听，其结果是这只耳朵进，那只耳朵出。

3. 先入为主的固定看法影响倾听。谈话时，因已有固定的看法而不注意倾听他人的，到头来不过是他自己的意思而已，而不是他人要说的真正意思。因此，在倾听他人讲话时，不仅要注意听懂语言，更要揣摩其思想。

4. 情绪化会使人变成聋子。当听到自认为不正确的意见或不利于自己的言论时，即使忠言也逆耳，有一种情绪会阻止你继续听下去，甚至将你的注意力转移到进行反击的思想上去。

5. 一心不可二用。有的听人讲话时，一边听，一边翻报纸，听广播，或看看电视。如此一心二用，注意力分散，则往往是听的内容不连贯，看的内容不全面，甚至什么都没有留下。

6. 听而不闻。在听人讲话时，将注意力集中在诉说者的外貌和举止上，至于讲的内容反而跑掉了。

妨碍倾听的毛病还不止这些，所以会出现这些问题，其关键在于没有很好地转移和分配注意，让自己的注意力集中在倾听和思考讲话者的语言内容及其深层的心理呼唤上。可见倾听是有技巧的。为帮助你建立良好的倾听习惯，再提出以下几点的注意事项：

1. 适应讲话的速度，将注意力放在较慢讲话的速度上，一边听一边咀嚼其内容的意思，不要让思维的速度超越所听讲话的速度。

2. 将注意力集中在倾听上，不受其他事物的影响，不同时兼顾几件事。

3. 训练听力，听广播的内容，试着检索所听广播的内容要点和主要思想实质。听英语广播揣摩其发音和含义等都能提高听的能力。学生在上课听讲，课后检查自己听课效果，不仅能促进自己的听课水平，而且能直接促进自己的学习效果。

4. 学会理解不同的观点，包括与你对立的看法。学会倾听不同的意见，学会倾听自己喜欢的人的讲话。你很有可能从这些讲话中获得新的知识和见解，即使有不对的地方，也应该听完后再去交换自己的看法。

5. 学会一次就能听明白他人的谈话，对重要的内容可以默默地重复一下，准确地记住。

6. 在听人讲话或接电话时要养成随手记在纸上的习惯，学会从你获得的各种信息资料中，寻找出最有价值的信息。

7. 在倾听他人讲话时，不断地问自己，倾听者的话是什么意思？目的何在？自己是否明白了对方深层的意思？用这些自我提问使注意力集中。

（六）注意力与其他学习方法相结合

注意力的心理训练还有许多方法和技巧，在进行注意力自我训练时可以与之相配合，这里提出以下几点建议：

1. 注意力的心理训练与超越静思训练相结合。一般来说宁静的心态容易集中注意。

2. 注意力的训练与形象控制法相配合。也就是说，当心境处于轻松和积极的状态时，注意的转移、分配和稳定性也能发挥得更好。

3. 还可以找出一些与注意力相结合的训练方法，请大家留心。注意力的训练有方法技巧可讲，学生应该尽力掌握它们，并进行认真的自我训练。同时还必须认识到，注意力的训练必须与学习活动、实践活动紧密结合，才能直接有效地增强自己的注意力。

第二节　　培养观察力，学习新体验

如果说复习是学习之母，那么观察就是思考和识记知识之母。一个有观察力的学生，绝不会是学业成绩落后或者文理不通的学生。

——苏霍姆林斯基

在观察的领域中，机遇偏爱那种有准备的头脑。

——巴斯德

从字面上来看，"观"和"察"都与眼睛有着天然的联系，都可以解释为"看"。"察"更有"仔细看"之意。但是，"看"是否就等同于"观察"、"不看"是否一定就没有"观察"呢？

答案是否定的。

在人类认识事物的过程中，眼睛的确是最重要的感觉器官。《黄帝内经》曾经记载："天有日月，人有双目"，眼睛能"视万物，别黑白，审长短"。现代生理学的研究也证明：人的全身共有400多万条神经纤维向大脑中枢传递信息，其中双眼就占一半；人们从外界获得的数以亿万兆计的信息中的80%～90%都是通过视觉通道而获取的。

但眼睛并不是唯一的感觉器官。人们除了可以用眼睛看到斑斓多姿的外部世界外，还可以用双耳来倾听美妙动人的乐音、高低缓急的声响，还能用鼻子嗅闻沁人心脾的气味，或者用舌头品尝酸、甜、苦、辣、咸各种滋味，用手触摸感受物体不同的质地、硬度、冷热……这一系列感觉器官，同样不可忽视。

然而，生活中常常有人对眼前的事物"视而不见"，也有人对耳边的声响"听而不闻"。这表明，光有感觉器官，还不能完成观察活动。由于缺乏思维活动的参与，感觉器官接收的信息并没有在大脑中形成反应。这表明：视、听等活动必须有积极的思维参与，才能获得真正的观察。因此，心理学家称观察为"思维的知觉"。

观察既然是"思维的知觉"，是感知觉发展的最高形式，这种知觉就不是随意或模糊不清的。它是在综合视觉能力、听觉能力、触觉和嗅觉能力、方位和距离知觉能力、图形辨别能力、认识时间能力等多种能力的基础上发展起来的，是根据一定的目的和任务进行的有计划的、比较持久的知觉。

因此，我们认为，人们依靠自己的感觉器官（主要靠眼睛）得到有目的的、有计划的、主动的知觉的过程，就叫做观察。

在人类的科学研究中，"观察"有其特殊的内涵。科学观察是一种高级的实践活动，一般是指从一定的目的和任务出发，针对一定的对象，有计划的、比较持久的知觉过程。这种观察往往有充分的知识和工具准备，计划、步骤和指导观点都十分明确，还有翔实的记录、整理和总结。

我们通常将观察的方式分为直接观察和间接观察两大类。

1. 直接观察

直接观察一般指人们通过自己的感觉器官对客体的直接感知过程。

直接观察往往跟自发观察紧密联系，没有中间环节，可信度比较大，有利于发现问题。但人们用肉眼或其他感觉器官感知事物的灵敏度和范围都非常有限。人眼能勉强分辨 15 厘米远、0.1 毫米的东西，分辨更小的东西就很困难，更不可能像老鹰那样从几千米的高空看到陆地上的猎物。人耳的灵敏度也不可能与蝙蝠和海豚媲美。

2. 间接观察

间接观察一般指人们借助观察仪器间接获得对客体的信息的感知过程。

间接观察往往和自觉观察相联系，可以运用科学方法如调查、实验等，还可以运用工具如哈勃望远镜、隧道扫描显微镜、超声波、核磁共振等。使用不同的方法和设备延伸人类的感觉器官，是一种非常重要的观察手段，更有利于解决问题，但它很可能造成误观察，甚至是没有观察。

直接观察和间接观察各有利弊，二者缺一不可。只有根据不同的情况选用不同的方式，才能保证观察结果是正确的、科学的。

此外，人们还从各种不同的角度对观察方式进行了分类。如按照学科领域将其分为科学观察、社会观察、审美观察等；按照观察目的分为启示性观察、探索性观察、验证性观察等；按时间周期分为连续性观察、非连续性观察等。

通常，人们面对不同的对象会采取不同的观察方式。即使对同一个对象，人们的观察方式也会因各自的观察目的和习惯产生差异。

什么是观察力？

观察力即一种特殊形式的感知能力，简单地说，一个人观察的能力就是观察力。

观察力无处不在。人们通过各种感官观察到天空日月星辰的分布、山川草木及湖泊海洋的变化，观察到飞禽走兽和雷电风雨的发生，观察到社会生活中五彩缤纷的现象与各种各样的变化，通过电子显微镜观察到病毒的形态和活动……

哪里有观察活动，哪里就有观察力。人们观察事物或现象，主要是观察这个事物或现象的特征。要将这些特征观察得仔细、准确，就必须具有一种能全面、正确、深入地认识事物特征的能力。这种能力就是观察力。

综上所述，我们认为，观察力就是指人在感知活动过程中通过眼、耳、鼻、舌、身等感觉器官准确、全面、深入地感知客观事物特征的能力。作为一种特殊形式的感知能力，观察力是人类认识能力的重要组成部分。人类对事物的认识程度、水平，与这种能力的强弱有很大的关系。

观察力是智力活动的源泉和门户，观察力在认识世界、增长知识和科学发展中发挥着重要作用。进化论的创始人达尔文，从小热衷于观察动物、植物，他坚持20年记观察日记，写出《物种起源》。英国发明家瓦特，观察烧开水时蒸汽顶动壶盖的现象，受到启发，研究出蒸汽机的基本原理，由此带来一场深刻的工业革命。我国明代名医李时珍，幼年时就爱观察各种花卉、药草的生长过程，察看它们抽条、长叶、开花的过程。正是严谨的观察，使他得以纠正古代药书中很多错误，写出流芳百世的《本草纲目》。

俄国生理学家巴甫洛夫在他实验室建筑物上刻着："观察、观察、再观察。"我国学者王极盛也强调说："观察力是智力结构的眼睛。"

观察力在学习中同样发挥着重要作用。为什么有的同学理解地图、图示题、漫画题很吃力，为什么有的同学物理、化学、生物实验不得要领，原因之一就是观察力不佳。无论是实物、动作、文字，还是图表、画面、地图，不具备良好的观察能力，就不能获取正确的感性认识，就不可能有丰富的想象，就不能有理论的概括和抽象思维，就没有对知识的准确理解和把握。良好的观察力是提高学习效果，发展智力的重要条件。感觉能力是人天生固有的，但感知能力的提高很大程度上依赖于环境的刺激。观察力则更需要有意培养、训练。那么，怎样提高观察力？

1. 观察要有明确的目标。要有观察的中心和范围，才能保证把注意力集中在观察对象上。心理学的知觉规律表明，带着明确的观察目的和任务去知觉事物，注意力就能集中地指向有关的事物，知觉就会清晰、完整。如果观察的目的不明确，观察就如"走马观花"，效果自然大打折扣。

明确观察目的，一是在心里树立观察的意识，认清观察对于发展自身智能的好处；二是在观察任何事物时，都要有明确的目的，即观察什么，为什么观察。观察是一种有目的的认知活动，只有目标明确，才能聚精会神围绕目标，从事持之以恒的观察。能否对观察对象作出客观、准确的观察，掌握观察方法也至关重要。养成善于观察的习惯。知识学问无处不在，只是看你是否善于观察。书本中的材料、图示、画面无不蕴涵着深刻的知识。书本以外的自然、社会现象更是知识的来源，都有待于用心观察思考，探究其奥秘。养成善于观察思考的习惯，你的知识学问就会日新月异地长进。

　　某日，德国哥根廷，40 位心理学家正在开会。忽然，一个人冲进会场，另一个手持短枪的黑人紧追而入，两个人当场搏斗起来。一声枪响之后，两个人又一道跑了出去。这个紧张的场面仅仅持续了 20 秒钟。

　　接着，会议主持人要求在场的心理学家们立即就这次刚刚经历的惊险写下目睹记。在 40 篇报告中，居然有 36 人没有察觉到那个黑人是光头！心理学家的观察力一般都是比较强、比较精确的。但是，这一次，为什么有这么多人在观察时失之偏颇呢？

　　这是因为，心理学家们事先没有思想准备，事件发生得非常突然，他们都没有明确的观察目的，也没有任何观察计划，所以对"黑人是光头"这一重要的事实"视而不见"。这一事实说明，要进行有效的观察，就要明确观察的目的，制订相应的计划。

　　事实上，不论是观察，还是在别的方面，事先做好计划，都是极为有利的。我国著名的系统工程学家钱学森教授在指导我国导弹工程的研究中，一直强调"要有总体规划"，"而总体规划的第一步就是明确和制定目标方案"。正是按照这一指导思想，我国的导弹研究取得了显著的成果。

　　良好的观察能力首先要具备一定的目的性和计划性。英国剑桥大学动物病理学教授贝弗里奇说："培养那种以积极探究态度注视事物的习惯有助于观察力的发展。在研究工作中养成良好的观察习惯比拥有大量学术知识更为重要。"在对事物观察之前，明确观察的目的，根据这个目的制订观察计划，然后一步步地按系统进行，这样才能保证不致遗漏有用的材料。

　　曾获得诺贝尔奖的美国华裔物理学家丁肇中曾经说过："自然界的奥秘随时都在吸引着每一个有志于科学的人，谁都想走在时间的前面，有所发现。因此，搞科学试验，争取时间是很重要的。"要争取时间，保证实验的成功率，搞好实验设计是非常重要的。丁肇中所在的研究小组之所以能够战胜竞争对手，首先归功于他们精密的实验设计和扎实的准备工作，这是他们顺利进行观察的有效保证。

针对同一对象，不同的观察者基于不同的立足点，选择的观察角度和计划也不一样。文与可和郑板桥都以画竹闻名，但二人观察竹子的时候却大相径庭。

文与可曾经在自己的住所周围种了各式各样的竹子，一年四季观察和比较不同竹子之间、同一竹子之间的不同姿态，因而对各种竹子在不同季节的状态有了透彻的了解，提笔作画的时候，自然"胸有成竹"。

而郑板桥观察竹子的时候，却是另外一番情形。"晨起看竹，烟光日影露气，皆浮动于疏枝密叶之间，胸中勃勃遂有画意，其实胸中之竹，并不是眼中之竹也。"郑板桥选择在早晨这一特定的时间段观察竹子，对竹子的感受自然与文与可不同，其"眼中之竹"实际上是经过典型化了的"胸中之竹"。

无论选择何种角度，都要根据自己的观察目的制订相应的观察计划，这样才能达到较为理想的效果，同时又能培养出良好的观察品质。凡事预则立，不预则废。观察活动有内容繁简、范围大小、时间长短的分别，但都需要有计划地进行。观察有计划，是指在观察活动开始之前，预先定好观察的目的和步骤。如，小孩子在学习洗衣服的时候，可以先观察父母怎样做：放多少水、多少洗衣粉、哪些衣服分开洗、洗衣机开多长时间等等。可以一边帮忙一边观察。学会了洗衣服，也提高了观察力。有的人喜欢花草，可以自己种一盆花或其他植物，每天观察其变化，写一些观察日记。这样的观察活动，既满足了自己的兴趣，又有丰富的观察内容，效果很好。

一般来说，如果年龄较小，观察活动中应多找与其日常生活联系较多的事物，或最好从日常生活入手，根据已有的知识经验，选用那些较熟悉、特征较明显、容易观察的事物，逐步进行观察训练。

随着年龄的增长，必要的知识和经验已经形成，这时候再开始观察那些较为复杂、特征不太明显、容易忽略的、需要分析判断的细节、事物或事件。

2. 观察要有稳定地注意。观察过程的开端、延续，都必须有注意的伴随和维持，只有观察者注意力非常稳定，才能保证长时间目不转睛地注视客体，以准确把握事物。

古诗云"横看成岭侧成峰"，从不同角度观察事物，会获得不同的信息和感受。因此观察事物必须掌握不同的方法。观察时要按照计划有步骤地进行，先观察什么、后观察什么以及观察的重点都是事先要明确的。否则，很容易陷于杂乱无章的境地，无法获得完整、准确的认识。传说，古希腊大哲学家亚里士多德曾经让他的一个学生观察鱼的特征，这个学生胡乱看了一阵，结果什么特异的迹象也没有发现。后来，亚里士多德启发他观察要有顺序、有系统，这个学生才终于发现鱼是没有眼皮的。这就充分说明了，观察时要讲究顺序和步骤，不要东看一点儿、西看一点儿。

3. 保护好感知觉器官。观察要多感官参与。无论是实验还是其他观察活动，要尽可能运用视、听、嗅等多种感官协调参与，因为各感官在参与观察时都以不同的方式感觉事物，是其他方式无法替代的，坚持多感官参与，才能使观察活动更全面、更深刻。

观察力训练是以感知觉发展为前提的，感知能力的提高有助于神经系统发育成熟及大脑智力开发，使人耳聪目明、心灵手快，有助于智慧的发展。

要注意保护眼睛、鼻子、耳朵、嘴巴、手等器官的健康发育，因为这是发展感知觉的物质基础。

要利用并创造机会，刺激各项器官的发育。多看美丽的图画，多听动人的音乐，多动手，多说话等，这些行为对器官发育都有一定的刺激作用。

4. 观察与思考相结合。观察只获取感性认识，要深刻认识事物，必须用理性思维对感性认识进行理论概括和抽象思维。

因此，观察和思考两者要有机结合，才能相得益彰。李四光曾形象地说过："没有观察和实验，就无法进行思考和抽象，任何理论都可能是空的假的，是在空中翻筋斗；没有一定的理论思考作根据，观察和实验就没有方向，只能是盲人骑瞎马。"

5. 观察必须客观。观察容易受先人之见的影响，在观察中搜集预想的结果，或根据过去的经验，会使观察发生错误。所以观察必须尊重事物的本来面目，养成主观愿望服从客观证据的习惯。

宋朝科学家沈括在其著作《梦溪笔谈》中记载了这样一个故事：欧阳修得到一张古画，画面是雍容华贵的牡丹花丛，花丛下有一只猫。欧阳修看不出什么名堂来，可他的亲家吴育一看，就说出了门道："其花披哆而色燥，此日中时花也。猫眼黑暗如线，此午猫眼也。"欧阳修听了，深感叹服。吴育若不是有着对客观事物的细心观察，不可能根据花的色泽、形状及猫眼的状态推测出古画中画的是正午的牡丹。过去，中外地质权威曾经认为"中国没有第四纪冰川"。可是，我国著名的地质学家李四光偏偏不信这个邪，他深入太行山东麓沙河县一带，从对这一带大石头的观察入手，进行了艰苦细致的调查研究。后来，他根据客观事实断定，华北地区曾经发生过冰川，推翻了"权威"们的结论，对地质学、地理学、人类学等方面做出了重大的贡献。良好的观察效果，是建立在客观现实基础上的。观察的目的是为分析资料、抽象提供事实依据，所以观察一定要客观。在观察中，如果仅仅根据过去的经历、经验、知识而主观地加以反映，往往使观察得出错误的结论。

自近代实验科学兴起以来，形成了一个牢固的传统，即任何科学理论，都必须有实验的根据。这也反映出对客观性的高度重视。达芬奇曾经说过："科学如果不是从实验中产生并以一种清晰实验结束，便是毫无用处的、充满谬误的，因为实验乃是确实性之母。"要做到确实性，首先就要注重客观性。

观察，有时是科学观察，其目的就是为了认识和了解客观世界的本来面目，从而掌握客观世界运动发展的规律，为能动地改造世界提供理论依据。因此，观察务必要遵循客观性原则，力求获得真实、准确的观察结果。客观、真实地反映被观察的事物，是成功观察的首要条件。

6. 观察要坚持辩证的方法。要顾及事物的各个方面和事物间的整体联系，切忌偏执一端和固执己见。在科学史上，由于观察缺乏整体感，造成不同观点、不同学说之间长期争论不休的事例屡见不鲜。

常用的观察方法还有：全面观察和重点观察，在自然状态下观察和实验中观察，长期观察、短期观察和定期观察，正面观察和侧面观察，直接观察和间接观察，解剖（或分解）观察和比较观察，有记录观察和无记录观察，等等。观察力是人类智力结构的重要基础，是思维的起点。良好的观察力可以帮助人们进行记忆等多种思维活动，促进学习和工作的进步。一个人的自我发展，依赖于观察力的不断提高。

第三节　塑造想象力，打开新视野

想象力是人类独有的一种高级心理功能。在创造发明和探索新知识的过程中，想象力是一切希望和灵感的源泉。想象力也能够使人们的内心世界更加丰富、深化，让人们更加深刻地认识世界、理解世界。

爱因斯坦说："想象力是创造发明中实在的因素。"丰富的想象是一切创造的基础。要提高创造思维能力，就必须重视并加强学生想象力的培养。

创新是一个民族的灵魂，是一个国家兴旺发达的强大动力，创新能力的培养是素质教育的重要核心。创新能力的培养离不开想象，想象是创造的基础，是创造的源泉，没有想象就没有创造。因此，要培养学生的创新能力，首先就要培养学生的想象力。

如果人没有想象力，一般思维是不可能升华为创造性思维的，任何科学的创造、发明、文艺创作都离不开想象。

想象力比知识更重要，因为知识是有限的，而想象力概括着世界上的一切，推动着进步并且是知识进化的源泉。

同学们都喜欢看电视剧《西游记》，剧中孙悟空、猪八戒、沙僧大战牛魔王、白骨精的场面，让人百看不厌。故事取材于唐朝僧人玄奘到古印度取经。从历史事实来看，只有唐僧一人在沿途人们帮助下，历尽千难万险从印度取回佛经。而《西游记》作者和电视剧创作者利用丰富的想象力，创造出众多的人物和妖魔鬼怪的形象，给人们留下了深刻的印象。

我国古人有"千里眼"、"飞毛腿"、"顺风耳"等形象的想象，科技发展到今天，就变成了雷达、摩托车、电话这些现实。我国古人想象出"嫦娥奔月"的美好神话，如今我国"嫦娥一号"绕月飞行，实现了千年梦想。可见想象力在人们认识世界和改造世界中发挥着极大的作用。

（一）什么是想象

1. 表象是想象的基础材料

表象是外界事物在人的头脑中留下的影像，具体、形象。表象是想象的基础材料，所以，一个人头脑中的表象积累得越多，就拥有了更多的进行想象的资源。表象的质量越高，越能正确反映客观现实，再造出来的想象内容就越准确。

2. 想象是一种心理过程

通常把人们在外界现实刺激的影响下，在头脑中对记忆的表象进行加工和改造，形成和创造出新形象的心理过程，叫做想象。

这里需要注意的有3点：

①外界现实刺激主要表现为言语的调节或物质的刺激；

②记忆的表象主要是过去感知过的材料以及实践经验等；

③形成和创造新形象则是将大脑中旧有的联系重新配合，从而构成新的联系，是一种智力活动。

3. 想象是一种形象思维

想象在本质上是一种形象思维，是构成创造性思维的基础。高尔基曾经说过："想象在其本质上也是一种对世界的思维，但主要的还是用形象来思维。"

"敕勒川，阴山下。天似穹庐，笼盖四野。天苍苍，野茫茫，风吹草低见牛羊。"一读到《敕勒歌》，我们脑海里就会浮现出一幅壮美的图画，而且每个人脑子里的画面都各不相同。每个人在想象的时候，都借助原来脑子里的表象进行了加工和创造。

当我们读到"枯藤老树昏鸦，小桥流水人家。古道西风瘦马，夕阳西下，断肠人在天涯"时，尽管我们大多数人并没有经历过这样的情境，却能在头脑中产生一幅奇异的图景来。这幅我们从未感知过的图景，就是用我们熟悉的"枯藤""老树""昏鸦""小桥""流水""人家""古道""西风""瘦马""夕阳""断肠人"等表象构成的。想象虽然是以记忆表象为原材料加工改造而成，但记忆表象只是对过去感知过的事物形象的简单重现，而想象则是以创造新形象为特征的。

4. 想象力是一种综合能力

人们在外界现实刺激的影响下，在头脑中对记忆的表象进行加工和改造，形成和创造出新形象，在这一系列过程中，表现出一种特殊的能力，这种能力就是想象力。

简单地说，想象力就是在过去感知材料的基础上，重新创造出新事物形象的能力。这种能力在某一个人身上，可能会外在地表现为或思维活跃或语言丰富或博知睿智等，实际上是一个人观察能力、理解能力、记忆能力、分析能力以及创造能力的综合外化。

5. 想象力是一种高级心理功能

想象力是人类独有的一种高级心理功能。新形象并不是旧形象的简单相加或相减，而是经过深思熟虑之后，对旧有形象进行创造而来的，具有独特的创造性。任何创造性活动，如果没有想象力的参与，都是行不通的。正是因为有了想象力，我们的认识才能不囿于时间和空间的限制而不断地扩展。

（二）想象的分类

根据产生想象的有无预定目的性，通常将想象分为无意想象和有意想象两大类。

1. 无意想象

无意想象是最简单、最初级的想象，通常发生于注意力不集中或半睡眠状态，是一种没有预定目的、不自觉的想象。比如我们看到天上的云彩，不由自主地想到它像棉花糖、像狮子、像战马等，就是无意想象。无意想象中最典型的是梦。梦也有离奇性和逼真性两个特点。

2. 有意想象

有意想象属于较高层次的想象，是一种根据特定的目的自觉进行的想象。比如人们在工作中为完成某项任务或计划所进行的想象，就是有意想象。

依据想象在新颖性和独创性上的差异，可以把有意想象分为再造想象、创造想象和幻想。

（1）再造想象

再造想象是根据他人的描述（包括语言文字的描述或图样的示意等）而建立新形象的过程。

再造想象创造的是现实生活中已经有的、只是自己从未感知过的事物的形象，这种形象是通过自己的大脑，运用个人已有的知识经验，对感知的材料进行加工而创造出来的。

读者根据《红楼梦》的语言文字想象出林黛玉的模样，孩子们根据大人的描述在头脑中想象出孙悟空和猪八戒他们的形象等，都是再造想象。

（2）创造想象

创造想象是依据创造活动的预定目的，在原有表象中选择必要的材料，进行加工改造而创造出事物的新形象，具有独创性、奇特性和新颖性。没有创造想象，生产劳动、技术发明、文艺创作等一切创造活动都无法顺利进行。

曹雪芹塑造林黛玉就是创造性想象的结果。科学上的新发明、文学艺术上的新创作等都属于这个范畴。

创造想象和再造想象是相互交错、相互促进的。创造想象虽然以再造想象为基础，但它要比再造想象更富有创造性，格外复杂，更为新颖，更为困难。如在《阿Q正传》中的阿Q是一个独特的典型的新形象，鲁迅先生经过千锤百炼，综合了许许多多的人物形象，创造性地构思了这一独特形象，这要比读者根据作品的描述，再造出阿Q形象复杂得多和困难得多。

（3）幻想

幻想是一种与人的愿望相结合，指向于未来的想象。幻想是创造想象的一种特殊形式。幻想中的形象体现着个人的愿望且指向未来，不能立即实现。

幻想有积极和消极之分。违背客观发展规律、不能实现的幻想，叫做空想。空想是一种有害的幻想。在科学理论指导下、符合客观发展规律、能够实现的幻想，就是积极的幻想，叫做理想。理想是激励和鼓舞人们学习、工作和创造发明的动力。

（三）想象力的生理基础

1. 禀赋（天赋）

人们通常把遗传素质叫做禀赋（天赋），它是指从上一代那里继承下来的生物特征，是人类身心发展的自然前提。如果缺乏这样的自然条件，人的正常发展就很难实现。比如一个生来聋哑的人，很难被培养成歌唱家，一个先天痴呆儿也不能发育成智力正常的人。

人的禀赋有差异，并且在某些特定的人群身上表现得非常明显。数学家陈景润在中学时代就开始钻研大学的数学教材，已在准备摘取数学皇冠上的明珠；美籍华裔物理学家杨振宁博士，4 岁时就能认字 3000 个。但是，我们的社会中，也有一些低能儿和痴呆儿的存在，他们反应迟钝，表情呆滞，表达能力接近于零。

遗传素质虽然为人的发展提供了可能性，但是并不能单方面决定人的发展水平。聪明是先天和后天的"合金"，一个人的发展方向及发展水平，包括想象力的开发，主要取决于个人所处社会环境影响、所受教育和自身的努力程度 3 种因素。数学家华罗庚在初中时还是一个数学考试不及格的学生，后来却依靠自己的努力，成为了著名的数学家。

想象力是人的综合能力之一。只有在良好的环境中接受教育并通过个人勤奋学习，才能获得不断的发展。

2. 大脑构造

想象是目的性和自觉性很强的活动，人脑的整体功能为人们进行想象提供了物质基础。

人的大脑在结构上分为左右两个半球，构造复杂，功能完备。大脑两半球既分工合作，又构成一个整体。

左半球大脑负责抽象思维、象征性关系和细节分析，具有高度概括分析和计算能力；右半球大脑负责形象思维、知觉和空间想象力，具有对音乐、图形、整体性映象合计和空间的鉴别能力。

右半球对视觉图像的感知以及复杂关系的理解超过左半球，而右脑的这些功能特点又是创造想象的基础。

一切物质文明和精神文明都是创造思维和创造想象的结晶。科学创造需要逻辑思维，分析问题，占有资料，寻找问题的答案，检验假设，形成原理和概念，较多地发挥左脑功能；而在创造性思维最关键环节，新思想和新事物的产生，更需要充分发挥右脑的想象、直觉、灵感及形象思维的功能。就成功的创造活动来说，右脑的表象、联想、想象能力比左脑抽象、概括能力显得更重要。

因此，开发右脑功能在创造活动中的作用，发展形象思维是极其重要的。从形象思维的结果就是想象表象这个道理来说，发挥右脑形象思维的功能，就可以开发人的想象力。

（四）想象力的特点

1．超越性

想象力往往超常于人类现有的认识能力。

想象力最重要的特征，莫过于它的超越性。它可以超越感官，进入人类无法直接感觉到的领域；它可以超越知识，使人类在未知领域神游遐思，它还可以超越自然，创造出无数自然界并不存在的事物……

中国古代有一个盘古开天地的神话故事，说的是宇宙最初是一团混沌的气体，里面没有光，没有声音，后来出现了一个盘古氏，他用大斧把这团气劈开。结果，轻的气往上浮，变成了天；重的气往下沉，变成了地。此后，天每天高出一丈，地每天加厚一丈，盘古每天也长高一丈。这样过了 18 000 年，盘古身裂而亡，他的身体各个部分变成太阳、星星、月亮及地球上的山川草木，从而就有了世界。

这是一个神话故事，没有也不需要有什么科学依据，但是如果把这个故事与现代宇宙学中的"大爆炸说"和膨胀理论相对照，我们就会发现，两者之间，存在着惊人的相似之处。这一事实充分说明，人们的想象能力超常于人们已有的认识能力。

2. 广阔性

想象力的超越性决定了它的广阔性。

人类的感官的功能是非常的有限的，能看到的、能听到的、能闻到的、能感受到的东西，同极其丰富的自然物质相比，实在是太小太少了。但想象力弥补了人类的这一缺陷，从而使人类拥有了一个同大自然一样丰富无比的主观世界。这个主观世界尽管充满着梦想、假象、虚幻，但也时时给人带来同客观世界相吻合的惊喜。科学史上种种假说的被证实，就是其突出表现。古代人们传说的嫦娥奔月，像鸟一样飞行等，在当时是绝对不可能的，而在今天却已经成为现实。

对于同一个问题，想象能力强的人能不囿于时空的限制，从不同角度、多层次地展开想象，唤起各种有关的表象，想象充实、丰富，对于解决问题能提供多方面的选择。爱因斯坦16岁时，就想象人类坐在超光速的飞船上，从而孕育出狭义相对论。而想象能力差的人，多数想象空洞、贫乏，只会从一两个简单的方面展开想象，很难取得突出的成就或创造。

3. 目的性

想象虽然能够"流连万象之际，沉吟视听之区"，上穷碧落，下竭黄泉，但绝不是毫无目的的凭空乱想，它是人们围绕一定的中心任务，按照解决问题的要求展开的。想象力具有一定的目的性，在具体的想象活动中，表现为有计划、有准备、有选择、有步骤等，始终有一根思考的线牵引着。

4. 新奇性

想象的结果不是对原有内容的重复和再现，也不是"依葫芦画瓢"，而是入木三分，具有独创性、新奇性。想象的新奇性是衡量人的想象能力的又一重要因素。苹果成熟落地是人们司空见惯的自然现象，而牛顿却因为一个苹果落地想象并推论出万有引力定律。想象活动不是仅仅停留在问题的表面，而是深入到问题的核心，不是对问题如蜻蜓点水般泛泛地掠过，而是深入其中，为问题的解决想象出有实质性帮助的结果。

想象力：智慧的生命线

火星是地球的近邻，火星绕地球一周的时间是 687 个地球日，火星和地球相互接近的时间间隔是两年零 50 天。火星和地球一般距离在 8 000 多万千米以上。从地球飞往火星，单程需近一年的时间。2001 年 4 月 7 日 11 时 2 分，美国终于将重达 758 千克、大小如同一辆小轿车的"奥德赛"火星探测器成功送上太空，从而打开了火星探测的新局面。

当年 5 月底，在旧金山举行的一次研讨会上，美国航空航天局植物学家麦基提出：应该把一颗玫瑰的种子送上火星，看看能不能长出一株玫瑰花。他说："我希望只利用火星上的阳光、泥土和营养素，让玫瑰花在那里发育、生长、开花。"

这是一个多么浪漫的计划！如果没有丰富的想象力和大胆的幻想力，怎么会敢于如此设计？

在人的智力活动中，想象占有十分重要的地位。想象力是人类独有的才能，是人类智慧的生命线。俄国教育家乌申斯基说："强烈的活跃的想象是伟大智慧不可缺少的属性。"

优秀的想象力对于一个杰出人才来说是必需的。有的学者指出，人的大脑具有 4 个功能部位：感受区、贮存区、判断区、想象区。一般情况下，人们运用前 3 个部位功能的机会多，而应用想象区的机会少，一般人仅仅应用了自己想象力的 15%。可以说，想象能力应用多少是评价一个人智力高低的标准之一。

爱因斯坦 16 岁时曾问自己："如果有人追上光速，将会看到什么现象"；以后他又设想："一个人在自由下落的升降机中，会看到什么现象"。他在充分发挥想象力的基础_ 上，经过严格的逻辑思维和严密的数学推导，创立了"相对论"，获得诺贝尔奖，成为世界上最伟大的科学家。有人赞叹他的成就时说："作为一个发明家，他的力量和名声，在很大程度上应归功于想象力给他的鼓励。"而爱因斯坦自己则说："想象力比知识更重要，因为知识是有限的，而想象力概括着世界的一切，推动着进步，并且是知识进化的源泉。"

想象力：创造性活动的"设计师"

人类要进行创造性活动，创新生活，必须要有想象力的参与。在创造发明和探索新知识的过程中，想象力是一切希望和灵感的源泉。它不仅导引我们发现新的事实，而且激发我们做出新的努力，使我们预言未来，看到可能产生的后果。

发明家进行发明创造、文学家搞文学创作、作曲家谱写新的作品、画家绘画、工人进行技术革新、农民搞科学种田，各行各业的提升和发展都离不开想象力的推动。就连最严谨的科学也是离不开想象力的。科学家廷德尔说："根据化学的实际，道尔顿特别富有想象力，而对于法拉第来说，他在全部实验之前及实验中，想象力都不断作用和指导着他的全部实验。作为一个发明家，他的力量和多产，在很大程度上应归功于想象力给他的激励。"

别林斯基说过："在艺术中，起着最积极和主导作用的是想象。"

列宁也认为："有人认为只有诗人才需要幻想，这是没有理由的，这是愚蠢的偏见！甚至数学上也是需要幻想的，没有它就不可能发明微积分。"

法国大作家雨果指出："莎士比亚的剧作首先是一种想象，然而那正是我们已经指出的并且为思想家所共知的一种真实，想象就是深度。没有一种心理功能比想象更能自我深化，更能深入对象，它是伟大的潜水者。"

一切创造性活动都离不开想象力这个"总设计师"，想象力是人类飞翔的翅膀，是人类获得自由的条件。

想象力：丰富人类心灵世界

把想象力比作人类文明的助推器并不为过。一个富有想象力的民族，会很快找到自己的立足之地，想象力就是其发展的原动力。一个富于想象力的人，思维是活跃的，视野是开放的，方法是创新的，他有什么理由不出类拔萃、成为人中龙凤呢？

想象力能够使人的内心世界更加丰富、深化。一个想象力丰富的人，掌握大量的记忆表象材料，观察锐敏，常常能看到别人忽视的东西，常常能在别人熟视无睹的场景中挖掘到珍宝。一个想象力丰富的人是善于沙里淘金的，即使淘不到真金，也会比别人多几分乐趣。在他们眼里，景物的动人之处，不仅仅在其外在，更在于其内在涵盖的气度和品质。一片树叶、一粒尘埃，也能在他们丰富的内心世界引起无限遐思。

想象力的丰富能帮助人们更加深刻地认识世界、理解世界。对世界的认识越广泛，掌握的知识越多，越容易在头脑中产生对比和联想，越愿意更加深入地思考问题。久而久之，发现问题、解决问题、再发现问题、再解决问题……这样的良性循环一旦开启，便能在认识世界、接近真理的道路上收获更多的美果。

丰富的想象力还可以改变和激励人们的情绪、意志和行为，成为化解不良情绪的良药，成为练意志的催化剂，更为人们的行为提供指南。

想象力：于孩童世界四射火花

1. 孩子是想象力的天才

任何一个孩子都是极具想象力的天才。还未经文明熏染和污染的孩子，其思维模式还没有纳入社会公认的体系中，他们天马行空、稀奇古怪的想法其实正是可贵的想象力的火花。

文学大师鲁迅就曾经说过："孩子是可敬佩的，他常想到星月以上的境界，想到地面下的情形，想到花卉的用处，想到昆虫的语言；他想飞到天空，他想潜入蚁穴。"

很多孩子从小就表现出与众不同的特质，他们要么天资聪明，风趣幽默；要么有旺盛的求知欲和强烈的好奇心；要么触类旁通、思维流畅，能把他人和自己的经验结合在一起；要么喜欢幻想，爱做"白日梦"；或者爱学善问，兴趣广泛；或者敢于质疑现状，具有独立思考和工作的能力；抑或是别出心裁，总想着搞点小花样什么的—这样的孩子，往往就是想象力丰富的孩子。

俄国伟大的科学家罗蒙诺索夫诞生在一个渔民家里。他从小头脑乖巧、风趣幽默、好学善问，是个卓尔不群的孩子。海滨渔村只有铺晒渔网的场所，没有上学的地方。他就创造条件学习，有时把邻居的书借来看，有时趁着跟爸爸去镇上卖鱼的机会，带着疑难问题到姑姑家里，找表哥或表弟帮助解答。一次两次姑姑全家还没引起注意，时间长了，姑姑从心眼里喜欢他了。一次，姑姑逗他说："这次上学可迟到了，下次得注意呀！"罗蒙诺索夫也风趣地回答说：

"是！下次上学保证不迟到。"天资聪明而又刻苦学习，终于使罗蒙诺索夫成为一名著名的科学家、学者、诗人、教育家。他创办了莫斯科大学，著有《论化学的效用》《真实物理化学概论》等论著。

被誉为"发明大王"的爱迪生，小学考试时总是倒数第一。老师向父母告状："你那孩子就会捣蛋！有回上算术课，别的学生听得挺专心，可他偏没话找话，问：'老师，二加二为啥等于四呀？'你说这不是捣蛋是什么？"其实，爱迪生的创造性思维方式与传统的日常功课格格不入，他将时间花在做"白日梦"上面，思考自己感兴趣的问题，因而对学校的功课很少用心。

火柴的发明者是一位名叫查理·索理亚的中学生。他从小就是一个好学善问、兴趣广泛的好孩子。他在小学读书时，不仅门门功课成绩名列全班之首，还特别对自然常识感兴趣。别的孩子做完作业就算完事，他却不然。虽然老师在课堂上已经给他们做过了试验，他回到家里还是要亲手再试上一次。火柴的发明就是他在一次化学实脸中的意外收获。老师说过，硫磺、氯酸钾、磷都是易燃品，可做炸药……他就想，既然他们是易燃品，能不能用来做成理想的火柴呢？于是，他在家里搞起来试验，经过多次努力，终于成功了。

一个孩子，哪怕表现出其中的某一种特质，都可能是一个想象力的天才。最宝贵的能力往往在最纯真的人身上表现得最明显。

2. 要保护孩子的想象力

（1）引人思考的故事

①课堂上，老师这样提问：

"雪化了变成了什么？"

"变成水！"大家异口同声。

一个小女孩回答：

"变成了春天！"

②父母问孩子：

"树上有5只鸟，被人用枪打死一只之后，树上还剩下几只鸟？"

孩子回答：

"还有3只。"

父母愕然：

"怎么可能？"

孩子解释："爸爸被打死了，妈妈吓跑了，剩下三个孩子不会飞。"

③一位美国美术教师来到昆明进行教学交流，她看到中国孩子们的画技非常高，有一次就出了一个"快乐的节日"的命题让中国孩子去画。结果，她发现很多孩子都在画一个同样的事物——圣诞树！

她觉得很奇怪：怎么大家都在画圣诞树？经过仔细的观察，她发现教室后面的黑板上画着一棵圣诞树。孩子们正在一笔一画地照着描。于是，教师把黑板上的圣诞树覆盖起来，要求孩子们自己创作一幅画来表现这个主题。没想到，这可令那些画技超群的孩子为了难。他们抓耳挠腮、冥思苦想，痛苦万状，就是无从下笔。最后，这位教师只好又把黑板上的圣诞树露了出来。

"变成了春天！"——这是一个多么富有想象力的答案！"爸爸被打死了，妈妈吓跑了，剩下3个孩子不会飞。"——这是一个多么富有感情色彩的回答！

这两个孩子天真的想象力让人联想到透明无瑕的水晶，可是，遗憾的是，为什么有那么多小孩子"异口同声"？为什么"父母愕然"？是孩子们自己不愿意乘着想象的翅膀翱翔，还是有别的原因？

画画的时候，中国的孩子喜欢问"像不像"，美国的孩子则喜欢问"好不好"。两者的区别在于："像"是有样板、有模型的，而"好"则没有一定的章法。中国的孩子之所以喜欢用"像"来评价形容自己的画，自然是父母老师给他们灌输了这样的评价标准。

（2）自由、宽容、保护

孩子身上的想象力是珍贵的，如果因为大人的疏忽，而让他们永远失去这种宝贵的品质，将是一件万分遗憾的事情。事实上，已经有无数孩子的想象力被无情地掳走，永远地消失了。当他们变成一个模子铸出来的半成品时，面对他们不再闪耀好奇光芒的双眼，我们是不是觉得太可惜了？

保护孩子的想象力，最重要的一点就是给孩子一个自由的空间，让孩子畅所欲言，鼓励孩子发表自己的看法，哪怕是错误的也应该让他们说完，适时而又恰当地给予指导。

一般来说，在民主、平等的家庭关系中成长的孩子，思维比较活跃，分析问题也比较透彻，对某些问题也敢于提出自己的看法，不容易受暗示。

相反，在家长制气氛下成长的孩子，往往思维呆板，不敢畅所欲言，也提不出新的观点，而是看父母的脸色行事，容易受父母的暗示而改变主意，或者动摇于各种见解之间，或是盲从附和随大流，这就影响了思维独立性的发展。

我们发现，在许多成就杰出的科学家、发明家身后，都站着他们宽容的父母。他们对孩子的异想天开、特立独行，甚至一些被常人以为是疯狂荒唐的举动，都能以平静、温和的态度对待，也许他们并不懂太多的教育，也许他们也只是一种无意识的感觉，但这种态度对孩子乃至对人类科学史的作用不可低估。

曾经获得过诺贝尔化学奖的英国化学家乔治·波特，从小就对科学技术抱有浓厚的兴趣。小时候，他经常在厨房里做实验，一不小心就搞得乌烟瘴气，为此，母亲十分不高兴，父亲就出面解围，还特意为他在院子里搭了一个小棚子，作为他的实验室和制作车间……他终于在父亲的精心呵护下，从小时候的"天生的科学家"成长为真正的科学家。

这样的例子数不胜数。提高想象力有利于孩子成才，孩子的想象力和好奇心是最可宝贵的天赋，谁也没有权利去破坏它。孩子的学习总是伴随着想象活动：学习语文、美术、地理、历史、音乐等社会学科要有许多情景；学习自然科学，如数学、生物、物理等也离不开图表、构造图等，想象是学生搞好学习的重要心理因素。总之，为了发展孩子的智力，必须重视想象力的培养，当插上想象的翅膀，他会飞翔得更高更远。

提高想象力的一般规律

1. 积累广泛、深刻、丰富的各种表象

头脑中的表象越多，形象思维的形象原料越多，越能促进右半球大脑的活动。1979 年诺贝尔物理学奖获得者格拉肖指出："涉猎多方面的学问可以开阔思想，像抽时间读读小说，逛逛动物园都有好处，可以帮助提高想象力，这同理解力和记忆力一样重要。假如你从来没有见过大象，你能想象出这种奇形怪状的东西吗……"

可以说，丰富的表象储存无论对形象思维还是抽象思维都有帮助。在日常生活、娱乐活动、看电视、欣赏音乐、学习活动、参观、旅游、家务和社会实践活动中，都能扩大对自然和人类活动中事物形象的掌握，积累表象材料。

2．积极开展联想和想象活动

不要束缚自己的想象，要让想象展翅高飞，任其在广阔的宇宙中遨游。

美国的莱特兄弟是一对爱别出心裁搞点花样的人。兄弟俩靠修理自行车过活，本可以守摊混饭吃。

但他俩并不满足现状。一天，兄弟俩在门前马路上试骑刚修好的自行车，由于车闸失灵、路陡坡大，自行车一下冲了出去，吓得路上的鸡、鸭到处乱飞！

"哎！要把咱们的自行车变成能往天上飞，那该多好！""把汽车、火车都安上翅膀，就都能上天了！"……兄弟俩真想搞点花样了。

连孩子都明白，铁跟空气比谁重谁轻，想让很重的发动机飞上天，那不成了神话了吗？莱特兄弟的"花样"受到很多人的反对。

但是，莱特兄弟不被困难吓倒。他们一边学习理论知识，一边经常观察雄鹰盘旋、燕子高飞，花了大量的时间在家观察、想象。经过十多年的努力，终于制成了第一架双翼飞机。兄弟俩高兴地把这架用内燃机作动力、用木料做骨架、用帆布做机棚的飞机叫做"飞行者号"。从此，莱特兄弟给人类开辟了航空科学的新纪元。

3．促进右脑功能发展的训练

能促进右脑功能发展的活动有许多，如：经常欣赏美术和音乐作品，增强对音乐和绘画的鉴赏能力；在学习活动中经常把知识点、知识的层次、方面和系统及其整体结构用图表、知识树或知识图的形式表达出来；在认识人和各种事物时，要观察其特征，将特征与整体轮廓相结合，形成独特的模式加以识别和记忆；每到一地或外出旅游，都要明确方位，分清东西南北，了解地形地貌或建筑特色，发展空间认识能力；经常用美好愉快的形象进行想象，如回忆愉快的往事，遐想美好的未来，想象时形象鲜明、生动，不仅使人产生良好的心理状态，还有助于右脑潜能的发挥。

4. 培养优秀的想象品质

优秀的想象品质表现为：积极主动、内容充实丰富、形象生动鲜明、客观现实性高、新颖奇特。

同学们要想学好各学科知识，没有较强的想象力是不行的。无论作文构思，还是学习数学、物理、化学、生物等各学科，都必须具备一定的想象力。培养想象能力，是学好知识、增长智慧、提高成绩的重要方面。那么应当怎样培养想象力？

1. 注重知识的积累。想象力的高低首先取决于生活经验的积累，见多识广的人更具有想象力。培养想象力就要有丰富的生活积累和知识积累。为此，就要尽量多读书，多到博物馆、展览馆、风景名胜等不同环境中去观察，并在日常生活中留心观察社会、自然现象，不断扩大知识积累，为提高自己的想象力打下坚实的基础。

2. 克服思维定势。培养想象力，必须突破惯常的思维方式，从新的方面、新的角度发现事物间新的联系。比如，猪八戒的形象就是将猪的生理特征和人的生理、心理相结合形成的，正是作者通过想象力将两者巧妙结合，形成了新的形象。

3. 进行想象力训练。课本中、报刊上有许多构思新颖、生动有趣的插图，你可运用这些插图，去绘声绘色地叙事，这能使你的想象得以诱发。可以根据生活中的某些情景，进行大胆想象：当你看到一座古老的房子，可以想象当时房子的主人的生活情景；你到博物馆去参观某些生物的标本，可以想象在当时情况下，该生物是如何生存的。

4. 开展创造想象。为了发展自己的创造性想象力，可通过"编故事"、"续故事"、"扩写"等形式来发展自己的创造想象力。还可运用逆向思维，从相反的方面去想象，如彩电由小变大，计算机由大变小，都是逆向思维的产物。当你看到一个人性格温柔，一个人脾气暴躁，想象当他们受到欺负时各自会有什么样的表现，这就是小说中创造人物形象的方法。

5. 抓住瞬间灵感。人们在进行创造性想象中，有些时候由于偶然契机，使头脑里各种记忆的表象相互碰撞，就可能有灵感突现，但灵感如电石火花稍纵即逝，因此必须及时捕捉突然出现的灵感，并记录下来，以备日后进一步的加工思考。

第四节　激发创造力，开拓新思维

同学们都喜欢看电影、电视，因为它们以引入人胜的场景和生动的情节，让人喜闻乐见；同学们也都乐意欣赏绘画、雕塑作品，因为它们以美丽多彩的画面和千姿百态的造型，让人们得到美的享受。这些作品都是形象思维的产物。

什么是形象思维？它是依靠对形象材料的领会得到理解的思维方式。绘画、电影、雕塑、服饰、小说都是形象思维的结果。

形象思维不同于逻辑思维。它不是以严密的逻辑推理进行思维，而是以具体、形象的材料为思维对象。例如，绘画中的人物、花鸟、山水，小说中的人物、时代环境，雕塑中的人、兽、禽的形象，舞蹈中的造型等，都依赖于形象思维。

由于科学的发展，抽象思维在人们思维中逐步占据主导地位。

其实，人类最先产生的是形象思维，而后才出现抽象逻辑思维。形象思维是逻辑思维不可替代的。可以说，没有形象思维就不会有今天的人类文明。

人们曾认为只有艺术家才用形象思维，其实形象思维并不仅仅属于艺术家，也是科学家和人民大众进行思想交流和发明创造的重要思维形式。例如，漫画就是形象思维的结果，数学、生物、地理学科的教具，就是教师们形象思维的产物。

爱因斯坦是极具逻辑思维能力的大师，也十分善于发挥形象思维的自由创造力。他所构思的种种理想化实验，就是运用形象思维的典型范例。他著名的广义相对论的创立，实际上就是起源于一个自由想象。

在学习中形象思维有着重要作用。

语文学习中没有形象思维，就难以领悟文学作品的意境和思想情感。作文写作过程，没有形象思维就很难将文章写得生动、具体、鲜明。物理、生物、地理这些抽象的东西，都是先人从具体事物研究中运用形象思维总结的。要深刻理解诸如光的作用、大气运动规律、细胞分裂等，没有形象思维是难以实现的。

在解答数学、物理、化学、生物、地理某些习题中，没有形象思维，也难以理解和正确解答。

在大力提倡创新思维的今天，要进行发明创造，单具备一定的知识和逻辑思维能力是不够的，必须具备形象思维能力。

由此可知，培养形象思维能力，是提高学习能力不可忽视的方面。如何培养形象思维能力？

注重观察，积累形象材料。学习生活中要留心观察和积累各种形象事物的知识。没有丰富的知识积累，就不能深刻理解形象材料，更不能创造出新形象事物。第七届全国物理竞赛有一道帆船逆风行舟问题。陕西省 1 499 名优秀学生参赛，前 100 名的平均得分为 0.95 分（满分为 10 分），最后对前 7 名进行口试，仍有两位学生答错。据调查，根本原因是生活在黄土高原上的学生，对此问题缺乏形象化的知识。

注重实验。实验是知识形象显示的过程。一个成功的实验，能把千言万语说不清的事物揭示清楚，比如前不久王亚平的太空授课就是一例。要注重实验中，从获得的生动形象材料中找出事物的规律，在实验中培养自己的形象思维能力。

抽象知识形象化。中学课本知识大部分是抽象知识，要学会用形象思维去理解。例如，在学习物理学中的力学、电学、光学，化学中的化学反应，生物学中的细胞理论，遗传变异理论；思想政治中的哲学观点时，都要学会用形象思维去加工理解。

开发右脑潜能。人们一般认为做事、吃饭"左撇子"有伤大雅，这种认识实际上抑制了右脑的开发，使形象思维得不到有效训练，所以不妨用左手办事情，有利于右脑的开发。

人的梦境实际上就是右脑无意识中描绘的故事，做梦醒来立刻把内容写下来或是讲给别人听，这样做就等于再现右脑形成的形象，有利于刺激右脑。除了要注重培养形象思维外，还要注重培养创造性思维能力。

要是没有能够独立思考和独立裁断的有创造力的人，社会的向前发展是不可想象的。

——爱因斯坦

灵感——这是一个不喜欢采访懒汉的客人。

——车尔尼雪夫斯基

"神舟六号"载人航天飞行的成功，"嫦娥一号"绕月飞行的奇迹，实现了我国民间千年的神话；青藏铁路顺利通车运行，打破了美国旅行家保罗·泰鲁提出的"有昆仑山在，铁路就永远到不了拉萨"的断言。这些伟大成就，都是我国科技工作者和工程技术人员创造性思维的成果。

当代世界进入知识经济时代，这一时代的突出特征是知识的创新。知识创新的根本是创造性思维，培养创造性思维是同学们发展的必不可少的方面。列夫·托尔斯泰曾说过："如果学生在学校里学习的结果，是使自己什么也不会创造，那他的一生将永远是模仿和抄袭。"

创造性思维由发散思维、求异思维、形象思维、逻辑思维、辩证思维、直觉思维、逆向思维、顿悟、灵感等要素组成，这些要素既有一定的分工，又彼此配合，发挥着不同的作用。

创造性思维是社会进步的动力。没有创造性思维就谈不上发明创造，科学就没有发展，人类社会就不会前进。现代人类创造性思维的产物——计算机、航天技术、核工业、纳米技术等，推动着社会日新月异地发展。

创造性思维是发现解决新问题的基础。青藏铁路永久冻土层问题的解决，基因技术在医学上的运用，现代企业获得新发展，这都是人类运用创造性思维的结晶。

考查创造性思维是考试的一大趋势。近些年来，高考试题的一个突出特点就是体现了对创造性思维的要求，就是要考生运用知识解决新情境中的新问题。同学们不具备创造思维能力，就不会成为佼佼者，就谈不上有所作为。

如何培养创造性思维能力？

发散性思维的培养。处理问题时打破自身经验和思维定势，通过联想、想象、猜想等方式拓宽思路，从多角度去发现他人未能发现的问题；解答习题时不拘泥于书本和老师的思路，从不同角度思考同一问题，坚持"一题多解"；日常生活中坚持"一物多用"，从多角度看问题，逐步培养发散思维的能力。

培养求异思维。求异思维就是从已有思路的反方向去思考问题。逆向运用定义、公式、法则，进行逆向推理；分析问题时从事物的反方向去考虑；学习新知识善于从概念、原理的反面思考问题。这样就可发现新知识。

直觉思维培养。直觉是一种突发性的思维活动，是一种自由创造的思维。要重视知识经验的积累，知识经验是直觉产生的基础和必要前提。直觉来源于以人的实践为基础的经验，因此要广泛地接触生活、接触社会，丰富生活经验和社会经验，养成多思善想的好习惯。

培养发现问题的能力。发现问题和提出问题是解决问题的前提。正如爱因斯坦所说："提出一个问题往往比解决一个问题更重要，因为解决问题也许仅是数学上的或实验上的技能而已，而提出新的问题、新的可能性，从新的角度去看旧问题却需要创造性的想象力，而且标志着科学真正的进步。"

培养发现问题的能力要敢于置疑，坚持同中见异、异中见同、平中见奇，能从一般人不易觉察的地方看问题。同学们在学习中要多问几个"为什么"，勤思多问，善于质疑，大胆而合理地怀疑，不盲从于大多数，学会不断否定自己。

开发右脑。大脑左半部分主要负责语言、逻辑、数学和次序的思维；大脑的右半部分主要起处理节奏、旋律、音乐、图像和幻想的作用，负责形象思维。人们一般重视左脑开发而忽视右脑开发，这就抑制了右脑的思维功能。开发右脑是通过右脑主管左侧身体的动作刺激来达到创造性思维的目的，为此应当尽量多接触形象事物，进行形象思维，也可以通过具体活动促进右脑的开发，如左侧体操、左手书法、弹吉它、拉小提琴等。

提高思维力的一般原则

1. 学以致用

把学习思维科学知识与思维方法同实际的思维训练结合起来，有意识、有计划地运用特定的思维形式和方法去解决实际的具体的问题和"假设的理想的问题"，把自发的思维活动变成自觉行为。通过反复的实践，把理论和方法内化为思维技能，并在实践中进行能力迁移。

2. 循序渐进

应遵循思维发展的规律，制订适合于个体的思维训练计划。思维训练的次序应当是：由具体到抽象，由简单到复杂，从低到高，由浅入深，先易后难，先局部后整体，先分析后综合。

3. 扬长避短

认识自己的类型和特点，确定长处和短处，以擅长的方面为中心（或为主导模式），形成一个包含多种思维技能的网络。既可以通过培养中心带动周边，也可以通过周边的训练来丰富、补充和涵养中心。

4. 因人而异

研究表明，中学生和大学生的思维有所不同，因此在进行思维训练时，要注意年龄差异与个性差异。

5. 追求和谐

既注重左脑训练，又注意右脑训练；既注重批判性思维训练，又注重创造性思维训练；既注重发散性思维训练，又注重收敛性思维训练；既注重提高分析能力和逻辑演绎能力，又注重提高综合能力和直觉体悟能力；既注重提高实用智慧，又注重培养理论思维能力。这样才能使我们的思维能力更和谐、更全面。

6. 独立性

面对训练课题要做到独立思考，独立完成课题，自觉培养独立意识，独立地提出问题、观察问题和研究问题。

7. 欢迎离奇设想

许多事物没有绝对正确与错误之分，方案没有最好，只有更好。绝大多数训练课题没有标准的唯一答案，所以应欢迎离奇设想，多出新颖观念。

提高思维力的基本方法

思维并不像我们想象的那样神秘。日常生活是最好的课堂，生活本身就能为我们提供很多提高思维力的好方法：

1. 游戏法

游戏是孩子们最感兴趣的事，如果能把游戏注入智力的因素，就可以促进孩子思维力的发展。

例如猜谜。猜谜不但能激发孩子们的兴趣，而且也能激发其推理及想象力。可以用孩子喜欢的东西给一些线索，让孩子提出题目，推想答案。

用扑克牌做数字游戏也会激发孩子的思维。

语文游戏：一句接一句，串成一篇故事，可以用录音机录下来，全家共同分享。

捉迷藏、拍手歌的游戏都会促进孩子思维的发展。

用棋艺训练孩子的思维力，特别是逻辑思维，是个很好的办法。有一个人，他的孩子上小学时数学成绩总不理想，怎么补都上不去。后来他在报纸上看到利用下棋来启发孩子智力的介绍，于是他在孩子身上进行实验，开始教老虎棋、五子棋，然后教跳棋、军棋、象棋、围棋，后来孩子棋艺长进了，不知怎么数学成绩也上去了，还考上了重点大学。象棋对智力发展的促进作用很大。象棋的特征是不让对方察觉自己的战术，内心却暗自推敲对方的出招，是一种高度推理性的游戏。

围棋对逻辑思维的发展也有很大好处。聂卫平曾说，在他进小学前，就喜欢在父亲身边看棋盘，玩棋子，不但学会了围棋，更解决了算术或数学方面的难题。围棋只有黑白两色，棋盘的格子也是大小一致。就在这么单纯的格式中，却蕴含着无数的战机。

我们可以在平时的生活中，很好地利用棋类活动来训练孩子的思维力，使孩子在棋艺长进的同时，无形中促进思维的发展。

游戏中要思索，其中有推理、比较、概括，都能促进思维；游戏中要动手，动手就要想怎样动手，这也促进了思维；游戏中还要动嘴，语言表达也是对大脑的训练，可使思维流畅。所以，游戏法是发展思维力的重要途径和方法。

2. 激疑法

爱因斯坦说过："发现问题比解决问题更重要。"因此，鼓励孩子多发问，是发展智力的良方。有一位与众不同的数学老师，每节课将所授作业叙述一遍，随即问道：

"有没有问题？如果没有，这堂课就结束了。"

其实，这位教师是在故意诱使学生深思。一旦学生提出问题，他就会露出比学生能解决问题时还高兴的笑容，赞扬说：

"问得好，你是很聪明的。"

学生对寻找问题渐渐发生了浓厚的兴趣，都特别爱上这个老师的课，思维水平也有了长足的进步。

鼓励孩子多思考，对孩子思维的发展是有帮助的。"疑者，觉悟之机也"。发明大王爱迪生小时候就爱思考。看到钟表滴滴嗒嗒响个不停，他就想：表为什么会走呢？于是他就把表反复拆开、装上，非要弄清楚钟表会走的原理。

当他知道气球充上氢气就能上天的道理后，他就想：人会不会上天呢？于是弄来一包能产生气体的药让家里的工人吃了，想让他上天，结果弄得工人捂着肚子痛了半天。

当他观察到母鸡孵蛋的情形后，就想：人去孵行不行？于是自己蹲在鸡窝里老半天，直到父亲到处找才找到他。尽管他的想法幼稚，做法可笑，但他爱动脑筋的习惯却为他成为伟大的发明家打下了良好的基础。爱迪生能够拥有那么多伟大的发明，与他从小养成的爱思考的好习惯是分不开的。孩子在掌握一定知识的基础上，通过他们自己的思考可以解决很多问题。对孩子们提出来的各种问题或遇到的各种困难，家长要多启发，多从侧面提示，尽量少从正面回答，不要事事都包办代替。

古人云："引而不发，跃如也。"这一点很值得借鉴。有的家长对孩子的问题有问必答，总是把知识掰开了揉碎了喂给孩子，这只能培养孩子思维懒惰的坏习惯，对孩子智力的发展没有好处。家长要当孩子的引路人，不要越俎代庖。

当家长发现孩子有思维惰性的时候，可以采用鼓励加激将的方法。比如孩子提出个问题，家长就说："这个问题你还不会。你想想，准能想出来。" "这个问题你从某某方面去想想，比我想的肯定好。"

总之，家长要经常鼓励孩子们想问题，多给孩子们设疑、激疑，孩子的脑子就会越用越活，越用越聪明，思维的惰性就没有了。

3. 纠错法

所谓纠错法，就是不怕犯错误，而要学会纠正错误，在纠正错误的过程中促进智力发展的一种方法。

人人都知道松下是白手起家的一流电器制造商，是名人传记中的人物。然而他幼年时，却是做什么都失败，是一个成绩很差的"劣等生"。

但是松下认为，这段失败的岁月正是养成他敏锐思想的重要时期。他说："向别人学习和自己从失败中学来的知识完全不同。同样一件事，两方面学习获得的答案虽然相同，但在将来的运用价值，却是自己的失败经验较为广阔。"所以他特别强调孩童时期应多尝试失败。

所谓"失败是成功之母"，对思维发展来说道理也是一样的。

美国心理学家奥兹拉把儿童的学习进展分为三大类型：一是开始学习时速度极快，中间难免有错；二是开始时错误连篇，中途错处渐少；三是从头至尾认真学习，前后没什么变化。他把第一种类型的人叫做缓慢学习者；第二类称为突进学习者，这类学习者智商较高，而且随着年龄的增长，智力优势越来越明显。

突进学习者在纠正错误的过程中，吸取了教训，获得了智力发展。比如，要寻找正确的路以免走冤枉路，而经过迷路后发现的路才是正确的路。一般来说，再走这条路就不会错了。在尝试错误的过程中，了解了问题的全部构造，自然就增长了见识，促进了思维能力的提高。

经过自己纠错而获得的知识，比从旁人那里学来的知识印象更深刻。如果从未经历失败，从不思考错误的原因，就难免会成为思想迟钝和视野狭窄的人。

家长应该更多地引导孩子自己思索，自己发现错误，自己纠正错误，只有这样孩子的智力提高才更快。家长可以偶尔故意在孩子面前犯犯错，让孩子纠正家长的错误，进而促进孩子思维能力的发展。

总之，无论纠正自己的错误，还是纠正别人的错误，都需要思维，都会促进思维能力的发展。犯错是成功之母，纠错是成功之父。

4. 动手法

时下，家长给孩子买玩具往往会陷入一个误区：越高级越买，越自动化越买，结果是多花了钱，对孩子思维的训练却并无多大的帮助。因为玩具越自动化孩子就越没有机会动手，手懒，脑懒，最终思维退化。

回忆一下我们小时候，玩沙土堆城墙、自制小手枪多有意思！其吸引力就在于可以自己动手创造。有的家长曾经提出过这样的主张：不给孩子买玩具而给孩子买工具，如小锤子、小铲子、小钳子，让孩子拿着小工具自制玩具。这种做法不但训练了孩子的动手能力，同时也训练了孩子的思维力和创造力。自己制作就要设计，就要研究，这些都能极大地促进思维力的发展。

当然不是不能买玩具，买玩具的同时可以给孩子买点小工具，即使是买玩具也要挑能让孩子参与的、能亲自动手的，以促进孩子思维力的发展。

孩子动手制作，对思维的刺激是很大的。俗话说"心灵手巧"，思维与动手能力的发展是相辅相成的。

家长应为孩子提供可以用来创作立体造型的各种材料，如橡皮泥、积木、插塑、木板等；还要为孩子准备一些工具，如线、糨糊、剪刀，等等；另外要教孩子一些制作的基本技能，如剪、贴、搭、挖、捏等。

在做手工时家长要引导孩子的思维。如当孩子想制作一个鸟笼时，家长可以问：做鸟笼需要什么材料？制作过程是怎样的？

家长要鼓励孩子完成制作，并帮助他完成得更好。有时孩子不做了，是因为他不知道下一步该做什么，或遇到困难而中止。家长可以提一些与此相关的问题，启发孩子想一想然后继续做。这样，孩子在手工制作的过程中就能极大地促进思维能力的发展。

人的思维能力最初就是在劳动中发展起来的。教育家说："儿童的智慧就在他们的手指尖上。"家长要鼓励并引导孩子参与手工制作，在动手的过程中动脑。

当然，孩子在手工制作的过程中可能有时会遇到一些困难，家长要给予具体帮助，但不能越俎代庖，最重要的是启发孩子的思维，鼓励孩子自己解决。

不少孩子爱拆玩具，趁大人不注意，三下两下就把玩具给拆了，结果是挨一顿打。其实拆玩具是被好奇心所驱使，有经验的家长会主动满足孩子的好奇心，教孩子怎么拆，然后学着再装上。

指导孩子如何拆玩具，不仅能满足他的好奇心，还能有效地训练他的头脑。即使是破坏了玩具，但只要露出内部的构造，就能够引起孩子的兴趣，满足孩子的好奇心，同时也让孩子看到内部构造，学到一些东西。家长若再以有组织的拆解法，教给孩子重新组合的步骤，效果必定更佳。

　　玩具是成品，是事物的结论，拆开成品正如从结尾推导至起点。其实孩子的数学题也往往是从结尾的问题想起。拆玩具可训练孩子的分析、综合能力。

　　5. 为难法

　　疑难问题最能锻炼人的思维。孩子学习时遇到了难题，家长不但不要轻易替孩子解答，就是生活中的难题也要尽可能让孩子自己去处理。并且家长要有意识地给孩子出些难题，让孩子去思考。例如：玻璃怎样才能擦得又快又干净？厨房的油烟怎样处理？水壶的水垢怎样清除？包括自然科学中的一些问题，都可以让孩子尝试去解答。生活中处处有学问，只要家长多留意，很多事物都可以是发展孩子思维力的手段。有一个家长带孩子去探望病人，看到病人家里正点着酒精灯。把酒精灯的盖一盖上，火就灭了，孩子很奇怪。妈妈看到了，就问孩子："为什么不用吹火就灭了？"孩子思考了半天，没想出来。妈妈启发他："火怎样才能点燃？""有氧气才能燃烧。"孩子一下子明白了，盖子把氧气隔绝了，所以火灭了。像这样的例子生活中有的是，家长要善于利用它们去发展孩子的思维力。要想使自己的孩子将来成为有用之人，就应该在他的孩童时代，提供给他或多或少的难题，让他自己去解决。这对训练孩子的思维是一种好方法。

　　一般来说，孩子遇到困难时，是他思考的最好时机。

　　孩子跌倒在地上，如果是美国的母亲，她会鼓励他，然后站在旁边，看孩子自己爬起来；同样的情况，中国的母亲会赶快把孩子扶起来，甚至孩子并没有哭，母亲仍然跑过去又拍又揉，呵护备至还作势打地："你为什么摔我的宝宝！"

　　东方父母动手帮助孩子，会使孩子有依赖性，疏于思考；欧美的父母用话语来激励孩子，鼓励孩子自己动脑解决。不同的教育方式有不同的结果。家长帮助的，孩子就产生依赖，思维懒惰；家长不帮助的，孩子就独立，自己思考解决办法，同时使思维得到训练。

古代的人就知道用为难法训练孩子的思维了。传说有一位长者出题为难孩子：用一个铜板买最多的东西。老大买了木柴，老二买了棉花，而老三动了一番脑筋，买了蜡烛，点着后烛光充满了屋子。现代家长更应该人为地为孩子设置困难，并启发他们开动脑筋解决问题，在物质生活上也不要无限地满足孩子。所谓生存教育、挫折教育，不但是意志的锻炼，同时也是一种思维的训练。

6. 保护好奇法

好奇可以引导人去探究，引导人的思维。当孩子问家长一些稀奇古怪的问题时，家长不要去呵斥，对孩子的好奇心要给以保护，同时还要创造条件激发孩子的好奇心，以促进思维力的发展。

给孩子创造一个丰富多彩的环境，让孩子常能从中获得新奇的感觉，使他对这个世界充满好奇和向往。这是发展思维的重要条件。

家长可以将孩子的好奇心引向大自然，可以带孩子到野外、到公园去观察大自然的变化。比如让孩子去池塘边观察小蝌蚪，看看小蝌蚪是怎样蜕掉尾巴，长出小腿的，看看它们是怎么变成欢蹦乱跳的青蛙的……也许这种观察，这种思维，会促使孩子成为一个生物学家。家长还可以带孩子到植物园观察各种植物，让孩子去探索植物为什么要长叶，为什么要开花，也许这种好奇会促使孩子成为一个植物学家。著名科学家茅以升7岁那年随父亲去看元宵花灯。一盏会转圈的走马灯引起了他极大的兴趣，他向父亲提出了一连串的问题："小人小马为什么会转呢？""怎么有时快有时慢呢？"父亲告诉他："是蜡烛的热气熏的。"父亲的话还没有完全满足茅以升的好奇心。为了弄清原因，他去买了一盏走马灯来，反复吹灭又点燃里面的蜡烛，终于发现了走马灯不停转动的原因。这种探索促进了茅以升的思维能力，对他后来的成长是非常有利的。好奇激发起科学家童年的强烈求知欲，从小培养了他们的探索精神，好奇心是活跃思维的前奏、成功的先导。

为师法、理论法、幽默法等等，都可以很好地培养孩子的思维力。

第五节　强化理解力，挑战新问题

知道如何读书的人可以提高自身能力，提高生存技巧，让生命变得更充实、更有意义、更趣味盎然。

——赫胥黎

在语文、英语的试卷中，阅读理解试题都占据相当的比例。与其说阅读理解题是考查阅读理解能力，不如说所有试题没有一定的阅读理解能力都不能正确回答。

如何提高阅读理解能力？

提高阅读理解能力主要是通过增加阅读量和提高理解能力两方面来实现。

增加阅读量就要训练阅读的速度，训练阅读速度可从以下几方面来实现：

1. 扫描法。为了获得某些特定的姓名、日期、价格、距离、事件等信息，可以采用快速扫描法。如同雷达搜寻目标的射线一样，使自己的视线迅速、有效搜索相关的文字信息。

2. 关健法。由于大脑具有选择和压缩信息的功能，因此你不必通读全文，只要通过捕捉信息，抓住关键，找出重点，就能在短时内获得大量的有效信息。

3. 整体法。就是先看目录和章节标题，对全文都讲了哪些问题，从整体上有一个大致了解，而后再依据个人的需要或通读或重点读。

4. 无声法。阅读的实质是把接受语言、处理语言集于同一个过程，读书可以有声也可无声。科学实验证明，无声阅读使用的是一种内语言，内语言也是一种思维语言，是一种用密码表示的思维符号。这种语言能更集中反映文章的思想。为此，要培养无声读书的习惯。

5. 字群法。把一群文字当作一个整体来认读。就汉字讲，汉字是方块字，适合于以字群阅读。字群是指 3 个字以上的一组字，此法就是一次看 3 个字以上的一群字，而不是逐字阅读。这样将你的视力范围从一个字扩展为一行字或数行字，从"点状阅读"改进为"线状阅读"，最后到"面状阅读"。

6. 计时法。即要求自己在规定时间内完成一定量的阅读任务。当然，讲速度还要看个人对文章的理解率，若理解率为 70%，表示速度适中；如果理解率为 90%，应适当加快速度；如果理解率为 60% 以下，就要放慢速度。经一定努力后，就要给自己限时阅读，形成迅速的"眼脑直映"反映。

提高理解能力就要训练阅读的质量，训练阅读质量可以从几方面来实现。

1. 阅读要专注。生理学和学习实践都证明，人的学习状态只有达到高度专注，才能有效激活大脑皮层，有效获取信息并快速加工信息。训练阅读质量首先就是训练读书时全身心投入、高度专注阅读的能力。

2. 阅读要"精思"。增加阅读量才会见多识广，从广度上提高阅读理解能力。阅读理解能力的提高，又必须从深度上，从理解力上加强。从深度上理解就是要"精思"，就是要深入透彻的思考，感悟文章的思想和意境。对重要、深刻的内容，要细心钻研，反复思考，通过逐字逐句的分析，揭示所表现的思想。

3. 阅读要抓重点。就是在大致了解文章全貌的前提下，反复思考重点段落或句子，不仅要理解其表面呈现的思想，更要深刻剖析其深层思想、观点。

4. 阅读要多角度思考。有的文章思想不但表现在深刻性上，而且还表现在"一箭三雕"的效果上，同一问题蕴涵着多层思想、观念。为此阅读时就应多角度思考，力求挖掘出更多的思想内涵。想要更好地提升阅读理解力，那么联想的能力也必不可少。第二次世界大战时期，残暴的德国军队在某战场上对英法联军施放毒气，英法联军为此受到很大的伤亡。怎样对付毒气的伤害，这成为联军指挥员一大难题。

一天，一位英军少校在德军施放毒气的地带观察，他发现这一带的猪却安然无恙。他将这一情况告之相关专家。专家经过研究发现，在德军施放毒气时，当地的猪把嘴拱进土里呼吸，猪身体的特殊结构，大大减少了毒气的伤害。为此，联军仿照猪拱嘴的特征创造了防毒面具。

防毒面具的发明就是英国人运用联想思维的产物。

联想是由一种事物想起另一种事物的思维方法。一般分为接近联想、类似联想、对比联想、因果联想和自由联想。

接近联想是从空间和时间方面接近的事物想起，如由十月革命联想到我国的五四运动；类似联想就是从事物之间的相似方面想起，如由猪拱土防毒联想到防毒面具的产生；对比联想是指从相反的事物想起，例如从苦联想到甜，由小联想到大；因果联想就是从事物的原因联想到结果，或是从事物的结果联想到原因，如从火联想到热，由下雨联想到丰收；自由联想就是为了一个目标从多方面展开联想。

联想是思维的重要方法，提高联想能力，形成联想习惯，对同学们学习大有益处。

联想是学习加工新知识的重要手段。当你学到新公式、新概念时，为了更好理解和掌握它，就要联想已学过的相近的知识。通过比较就可以深入理解新知识，同样，通过联想还可以形成新知识。联想是解答试题的重要条件。当你解答试题时，就要依据试题的要求，联想所运用的公式、原理，回忆曾做过的相近试题的解答思路。联想得越快、越准确，答题的正确率就越高。

联想是写作文的重要方法。当你审清文章题目要求后，就要联想曾见到的相似文章的写作方法，通过联想搜集各种所需素材，在此基础上布局谋篇，形成文章。

联想是增进记忆的有效方法。为了增强记忆效果，你可以通过联想方法，将新学知识与原有知识进行比较加强记忆。如相近数学公式的记忆；相近地理概念的记忆，相近、相反英语单词的记忆，类似语文词语的记忆。

联想更是发明创造的重要方法。当你分析某一事物时，就要通过联想方法，加深对事物的认识和理解；当你分析某一事物时，通过对比联想、接近联想和自由联想，形成全新的事物形象，这就是创造性想象。

联想在学习中有如此重要的作用，所以同学们要重视联想的作用，形成联想习惯。

面对大篇幅的文章想要更好的理解，就要学会抽象概括。

从前，有一位老人生病了要吃水果，3 个儿子听说后就到集市上买水果。大儿子买来苹果，老人一看不高兴地说："我要吃水果，谁让你买苹果？"二儿子买了梨，老人埋怨说："我要吃水果，谁让你买梨？"三儿子买来橘子，老人一看火了，训斥儿子们说："你们都不听话，谁也没有给我买来水果"。儿子们都为难了。

这个老人不明白，世上只有具体的苹果、梨、橘子、柿子、香蕉等水果，没有抽象的水果，"水果"是抽象概括的产物。

什么是抽象概括？抽象概括是为了找出同类事物的共同本质，把一些具有普遍意义的特征从具体事物中抽取出来，形成对事物的一般认识的思维方法。例如，"水果"这一概念就是从具体的苹果、梨、橘子、香蕉、柿子中，抽象概括出它们"水分大、营养丰富、酸甜可口的植物果实"这些共同特征形成的。

人们思维的最显著的特性是概括性。思维之所以能揭示事物的本质和内在规律，主要在于抽象概括过程。没有抽象概括就难以形成概念、公式、定理，就无从把握事物。无论是数理化公式、定理，还是政治、生物、地理概念、原理，都是先人通过抽象概括得出来的。抽象概括能力在学习中发挥着重要作用。分析文章的主题要抽象概括，理解数学、物理、化学公式、定理要抽象概括，就是学习政治、历史、地理也离不开抽象概括。可以说，没有抽象概括能力，就不可能真正掌握各学科知识。

经过抽象概括，同学们发现已掌握知识与新知识之间的联系，运用学到的知识去解决新问题，获得新的知识，做到触类旁通。没有抽象概括就没有迁移，概括水平越高，迁移的范围就越广，"跨度"就越大。

抽象概括更重要之处，在于把握知识的规律和解答习题的规律。通过抽象概括，同学们可以从知识的内在联系中概括出知识的规律性；可以抽象出同类习题共同特征，概括出解答同类习题的规律性的东西。

一些同学存在着这样情况：一篇文章读过后却不能用自己的语言表达其思想，一类习题做了许多却不能从中总结出做同类习题的一般方法、要领，这就是缺乏抽象概括能力的表现。

抽象概括能力高低，从思维角度讲是学习成绩好坏的一个分水岭。优秀生之所以优秀，就在于他们具有较高的抽象概括能力，善于掌握新旧知识之间的联系，运用已学到的东西去解决新问题，做到举一反三；就在于他们能够抓住知识本质的东西，用心分析出知识间的规律；就在于他们在解答习题中，按照从个别到一般的方法，抽象概括出同类习题的一般答题的方法和规律性，正所谓"以一当十"。

与此相反，有些学生学习成绩不理想，就是因为他们缺乏抽象概括能力；不能掌握新旧知识之间的联系；不能找出知识的规律；不能从解答具体习题中，找出其同类习题的答题规律和要领。结果是某一题目会做了，当题目具体情景、条件、要求发生变化就又束手无策，这就是所谓的"以十当一"。

怎样才能提高抽象概括能力？

重视观察和实验。观察和实验是人类认识自然和社会的基本途径，是获取感性材料的过程。掌握了大量的感性材料，就为抽象概括提供了条件。

用心分析、综合、比较。对知识的学习，切不可只满足于知道它是什么，重要的是通过分析、综合、比较等加工过程，抽象概括出同类知识中本质的、共同的东西。

在猜想中发现，在发现中猜想。在学习新知识时，依据以往学过的相关知识，对新知识进行猜想，并在猜想和理解中进一步发现知识之间的共同性与区别。

注重掌握知识的规律性。学习的过程，包括两个方面：一是掌握知识本身，二是对知识规律性的探求。后者是更重要的抽象概括过程，较之前者更重要。一些同学只做到了前者，却未做到后者，这也是抽象概括能力低的表现。奉劝同学们在学习中应当抓住同一过程的两个方面，不断提高抽象概括能力，深入探求学习规律，实现高效学习。

第三章　把握学习规律，成功零距离（上）

第一节　课前要预习，成竹自在胸

预习是最容易被忽视的学习环节，但它是提高学习成绩的不可缺少的环节。

一些同学认为，"反正课上老师要讲，个人课前预习没有必要"。这种认识是错误的。预习就是要初步了解新课程中主要有哪些知识，发现自己哪些知识不懂，便于带着问题听课。有些同学没有预习的习惯，课前对老师要讲的内容一无所知，课上老师讲什么就听什么，具有很大的盲目性，听课效率差。

那么如何进行预习呢？

预习可分为学期预习和课前预习。学期预习就是在新学期开学前，对将要学的新课本进行预习。

课前预习一般安排在上新课的前一天，预习应实现以下目标：新课的内容是什么、重点在哪里、哪些不理解、新知识与所学过的哪些知识相关。对课本内容能看懂多少就算多少，不必求全，疑难也不必深钻，把不懂的问题做出标记，作为听课的重点。

预习中做好笔记。预习笔记可在教材上做出标记，也可以在教材空白处做眉批，写上自己的看法和没读懂的问题。

预习时要看、思、做结合进行。看，就是把要学的新知识通读一遍，用笔划出重点内容，需要查的就查一查，需要记的就记下来；思，就是要动脑独立思考；做，就是动手做准备工作，对课后的练习尝试做一做。

越是学习困难的同学越是要预习。学习困难同学的主要表现是对知识一知半解，解答问题苦思冥想而正确率甚低。这里的关键是听课效果太差，对知识食而不化。究其根源，主要是课前没有预习，对新知识内容心中无数，听课理不清思路，前后知识衔接不上，不能有效地将新知识理解消化。

新知识学习由预习、上课、复习、作业4个基本环节组成，缺少了预习这一环节就影响下一环节的顺利进行。课前预习无论是对初中生还是对高中生都是必要的，为了提高学习成绩，同学们要养成预习的好习惯。

第二节 课堂当主角，认真很重要

如果把希望寄托在复习上，因而第一次知觉材料时不去注意深入地思考它的内容，那么对于识记是有害的。

——赞可夫

学生学习落后和成绩不佳的根源之一，就是对教材的首次学习学得不够好。

——苏霍姆林斯基

有一种困惑困扰着一些同学：他们课堂学习不在意。每天课外做大量习题，忙得团团转；晚上、周日又请家教补功课，搞得疲惫不堪，结果却是学习成绩不如人意。这到底是为什么？这些同学其实不清楚，学生学习的关键在课堂。

古代有一个"买椟还珠"的故事，讲的是春秋时期有一个楚国人到郑国去卖珍珠，他把珍珠装在匣子里，匣子装饰得很华贵。一个郑国人看到装珍珠的匣子很华贵，就买下匣子把珍珠退还了。

"买椟还珠"的故事虽可笑，但这与忽视课堂学习是同类的本末倒置的现象。

课堂学习从古代的私塾开始，是中国延续几千年的学习方式。课堂教学中，老师所讲内容都是长期知识积累的成果，无论从深度上还是从广度上都超过了教材本身，在讲授方法上是凭多年教学经验，依据教学要求和学生实际，以最合适的方式将知识传递给学生，让学生在最少时间内最大限度获取知识。

课堂学习是师生、同学之间互动的学习活动，是师生集体智慧相互传递的场所。课堂上师生间的互动，是同学们快捷获取知识的主要途径。其他课外作业、课外家教、课外辅导资料，只能是辅助手段。

既然课堂学习是关键的环节，课堂学习应该怎样做呢？

做好课前准备。课前准备有物质准备和精神准备。物质准备就是将课本、作业、笔记本、文具在课前准备好。精神准备就是身心进入状态。有的同学课间活动过于兴奋，打闹得浑身是汗，上课后兴奋劲儿还没消失，即使坐下来听课，也受到干扰；有的同学课间休息抓紧时间做作业，大脑未得到适当的休息，上课了思想还未进入状态，同样影响听课效果。

身心高度专注。听课时做到专心致志，千万不能思想开小差，课堂分心是学习的"大敌"。从生理上讲，人们思考加工知识是要靠大脑皮层，只有激活大脑皮层才会有效接受、加工信息。上课身心不专一，只是听到或者看到老师和同学的言谈动作，并没有激活大脑皮层，就不能有效接受知识和加工消化知识。

积极动脑思考。学习知识，关键在于领悟、理解知识。只有理解了才能转化为自己的知识。加工理解越深刻，记忆越牢固，运用就越自如。有的同学提出："任课老师讲的知识我听懂了，为什么习题却不会做？"其实，听懂了并不等于自己真正弄懂弄通了，所以不能正确运用。因此上课要紧跟老师的思路，理清老师是怎样分析问题、怎样得出结论的，经自己独立思考，将书本知识转化为自己的知识。

勤于动手。就是善于记课堂笔记。记笔记就是记老师讲到的重点、难点，还要记没有听懂的知识，以便于课下继续思考或是请教老师。课上老师或同学讲到的扩展的知识、提出的新学习方法、巧妙新颖的解题思路都要记下来。课堂笔记宜采用简洁速记的方法，不要影响听课。笔记既可用笔记本记，也可在课本的空白地方记，还可在书本上画线、圈、点等标记符号。

主动参与。主动参与就是上课时主动回答问题，上讲台表演、实验等，主动参与者必然要开动脑筋，积极思考，善于发现问题并提出问题，深刻理解知识。与此相反，怕老师提问，自己又不主动参与、消极逃避，就不能有效理解消化知识，这也是一些同学成绩差的原因之一。

同学们学习的关键在课堂。奉劝只重视课外作业、重视家教、重视课外资料，而忽视课堂学习的同学，不要再犯"买椟还珠"的错误，不要"拣了芝麻丢了西瓜"，还是高度重视课堂学习，提高课堂学习效率为妙。

　　使儿童从他入学的最初阶段起就成为知识掌握过程的积极参加者，力求使世界的揭示过程给孩子们带来深切的、无以伦比的快乐、兴奋和情绪高涨。这种精神状态乃是十分重要的求知欲的源泉、渴求知识的源泉。

——苏霍姆林斯基

　　戏剧表演中有主角和配角。主角的活动体现着剧情的发展，主角的表演技艺也展现了该剧团的表演水平，每个演员都梦寐以求争当"主角"。

　　课堂学习同样有一个"主角"与"配角"的问题。从古代的私塾到现代的应试教育，老师都主宰着课堂，学生则处于被动接受知识的地位。教学改革把课堂由"讲堂"变成"学堂"，老师成为学生自主探求知识的组织者、指导者和支持者，学生是教学过程中的主要活动者，要成为课堂活动的"主角"。

　　同学们在课堂上是"主角"还是"配角"，看起来是一个简单的角色差异，实质上是把自己培养成书橱式的人才还是创新型人才的大问题。人的能力不是先天就有的，而是在后天得到的。一个人从小学到大学的十几年中，正是发展自己的黄金年代，而课堂正是同学们提高素质、增长能力的重要舞台。同学们在学校提高能力，是未来从事社会工作的基础。

　　如果同学们让自己处于被动接受知识的"配角"地位，你就无从谈起独立探求知识的能力；如果没有在课堂当主角的锻炼，就无从谈起相应能力的提高。这种能力又是从事社会工作的最重要的能力，如果缺乏这种能力，进入社会后在工作中将会面临被淘汰的危险。课堂恰恰是同学们发展能力的小舞台，失去了在这一舞台锻炼的机会，可以说是一生难以补救的。

事实上，就是在新课程改革之前，一些在事业上有所作为的人才，他们在学生时代就在争当课堂的"主角"。他们之所以在工作岗位上事业有成，得益于他们在学生时代积极参与课堂教学，得益于他们在课堂活动中得到有效的锻炼。

怎样争当课堂的"主角"？就是要发挥课堂学习的主动性和能动性，在老师的指导下自主探究知识，提高独立获取知识的能力；就是要课堂上勇于表现、展示自己的才能，配合老师积极组织学习探讨活动，主动参加演示实验；就是积极在课下收集资料信息，运用于课堂，探讨新知识、研究新问题；就是积极回答老师、同学提出的问题，与老师和同学们共同探究新知识，提高与他人合作的能力。当好课堂"主角"，这不仅是学好知识的需要，也是发展能力的需要，更是进入社会工作、成为出色的创新型人才的必备条件。

第三节　温故而知新，课后仍努力

有的同学提出这样的问题："我们上课很注意听讲，做作业也很认真，到考试前，就感到学过的知识大多都忘记了，不知道为什么。"仔细分析，原因是没有课后及时复习。

为什么要课后及时复习？

及时复习是巩固知识之必须。早在 1885 年，德国心理学艾宾浩斯实验发现，刚记住的材料，一小时后只能保持44%，一天后能记住33%，两天后留下的只有28%，6 天后为25%。所有人学习的知识都会发生先快后慢的遗忘过程。这一规律告诉人们，新知识学后必须及时复习，否则随着时间的推移就会遗忘。及时复习，才能在大脑中加深印记，短时记忆才会转化为长时记忆，才能有效巩固知识。

及时复习是加深理解知识的环节。课堂上新学知识一般是初步理解，要真正弄懂弄通必须深入理解。课后复习中，通过做作业，结合课堂笔记深入思考，就能加深对知识的理解，就能在深度和广度上拓展知识。

及时复习是学习新知识的要求。由已知到未知，是人们思维的一般规律。已学过的知识只有真正掌握，才能更好地学习相关的新知识。忽视及时复习，没有理解或是遗忘所学知识，就不能运用已学知识加工消化新知识，形成学习中的"拦路虎"。一些同学听新课吃力，就是因为学过的知识没掌握，前后知识不能很好地衔接。为此，一定不可忽视课后及时复习。

复习时要紧紧抓住基本概念、公式、定理，回忆其含义和推导过程。要像放电影一样，在大脑中回忆新学过的知识，忘记的就再看教材或笔记。看教材和笔记时，应深思知识之间的内在联系，实现对知识的融会贯通。

有人提出"重复是学习的母亲"，这是很有科学道理的。

切勿将"母亲"当成"后娘"，否则知识就会得而复失，以后必须用更大的工夫去重新学习，这就必然造成高投入低产出、事倍功半的不良学习效果。

作业是练脑子不是练肌肉，所以做得多不如想得多。做好课外作业，是同学们学习的重要环节。对于课外作业，人们认识不同，做法也各异，成绩也就迥然不同。

那么，如何看待课外作业？我们得从作业的功用谈起。一般说来，做作业的功用，一是加深理解、巩固书本知识；二是掌握解题方法、技巧，提高解题能力。

加深理解、巩固书本知识，需要适当的重复和在具体环境中运用，课外作业用不同的习题来达到这一目的，所以，同学们做作业时必须认真独立思考，准确运用所学知识，才能从不同角度加深理解、巩固知识。

掌握解题的方法、技巧，提高解题能力，是在分析解答具体习题的过程中实现的。同学们在做作业时，要认真规范做题，在解答习题过程中，多留意探索解题要领，才能达到掌握解题方法、技巧，提高解题能力的目的。

有的同学每天忙忙碌碌，但到升学考试时却考得一塌糊涂。究其原因，就在于他们平时做作业没有认真求实的态度，以应付老师为目的，有的则是只求答案正确，却不用心分析如何运用知识，不认真探求做题的规律、技巧。结果，做了大量作业，既没有巩固知识，也谈不上提高解题能力，只能是耗费时光。

做作业有其特有的功用，但也有它的局限性。单就把握课本知识而言，并不是仅靠作业能达到的。这是因为，做作业对所学知识的复习是有限的，把握知识的系统、知识间的内在联系，实现对知识的融会贯通，不是单靠做作业所能完成的，而是靠自己课下主动安排学习来实现。一些同学越是到初三和高中学习成绩进步越快，而一些同学在小学和初中一、二年级成绩还好，但到初三和高中越学越吃力，成绩越下降。这是为什么？两者不同的一个重要原因，不是学习是否努力，而是主动学习、独立思考问题的多少，是相关知识、信息获取的多少。

整个世界是相互联系的统一体，各种知识之间也是相互联系的。知识的理解要靠相关知识的支持，没有相关知识，在高年级对新知识的理解是困难的。为什么一些同学学习立体几何、物理学知识十分吃力？就是因为他们缺少这方面的相关知识。

以上分析告诉我们，做作业是学习的重要环节，但它只是学习一种的手段，也不是唯一手段，更不是课下学习的唯一任务。为了实现全面发展，也为了实现考入理想的中学和大学的目标，同学们要认真完成作业，主动进行知识的复习、梳理，也要尽可能从课外书籍、报刊杂志、社会生活、网络信息等途径获取有用的知识信息，尽量扩展知识面。这样有益于提高对书本知识的理解，有益于学习成绩的不断进步。

读一本好书，就是和许多高尚的人谈话。　　　　　—笛卡儿

读书之法，在循序而渐进，熟读而静思。　　　　　—朱熹

一谈起读书，有的同学一定会说："读书还有什么学问，不就是一页一页地看书吗？"事实上，有的同学到高中毕业，还没有真正学会读书。不然，为什么同是读一篇文章，有人感悟出众多思想、观点，有人却是收获甚微？为什么有的同学读一些书后答题恰当准确，办事巧妙自如，而有的同学却是生搬硬套？其中奥秘就在于是否会读书。

学会读书。下面几种读书方法是行之有效的，不妨试一试。

"专"与"博"相结合。读书方法多种多样，读书的内容也极其广泛。中学生首先要读好课本，做到"专"。随着人类知识日新月异的发展，同学们还要从多种渠道获取知识信息，扩大知识面，做到"博"。

有限时间内坚持"博"，可采用浏览、跳读、扫描式阅读等方式。浏览就是通过读目录和小题目，大致掌握该书主要讲什么内容。跳读是依据需要重点选择一些章节读。扫描式阅读往往是一目十行，

就像电子扫描一样在字里行间快速浏览，捕捉自己所需要的内容。此外，还可以采用读标题、读内容提要等方法，在有限时间内最大限度获取有用信息。这里提出读书要"博"，并不是无选择地读书，而是要读有益于身心健康、有益于开阔视野、有益于全面发展的书。

课本要熟读。熟读就是对重要内容反复读，读懂、读通，深刻思考知识的内涵和外延。著名数学家华罗庚是自学成才的，他在总结自己的学习经验时，提出读书要"由薄到厚"，又"由厚到薄"的两个过程。这里的"由薄到厚"，就是不能只满足于字面理解，应当由字面到内在，深刻理解相关知识间的联系，将知识融会贯通。"由厚到薄"就是掌握书本和文章的要点、精神实质，厚厚的一本书能用不多的语言，把它的思想观点表达出来。这两个过程都是通过熟读来实现的。古人云："读书破万卷，下笔自有神。"这一个"破"字道出了读书的一个要领。课本知识和一些理论性强的书，其内涵是十分深刻的，只有熟读才能逐步加深对其知识的理解。春秋时期有个"韦编三绝"的典故，就是讲孔子熟读一本书，经过长期反复读，将串连书简的皮绳子读得断了 3 次，可见古人读书的认真态度。

不动笔墨不读书。人们常说："好记性不如烂笔头。"毛泽东坚持"不动笔墨不读书"的习惯，他的博学多才和出神入化运用知识的高超表现，得益于他良好的读书习惯。

读书动笔墨有多种方法：批注法，就是在读书时，把书中重要的知识点、原理、公式、定义等用画线、写记号等方式标注出来，或是把对书中某些认识的看法批注在书上；摘录法，就是把认为重要的内容摘录在笔记本上；索引法，就是把某些重要的内容，在笔记本上记下其书名、页码，以便以后进一步阅读或运用其某些观点；

随笔法，就是把对书中的某些观点、事例、原理的认识、看法、心得写下来。

活读书，读活书。一些同学从小学读到高中，其阅读理解力和活用知识能力却很差，这不能不说是一种读书的失败，一种悲哀。究其原因，就是著名教育家陶行之批评过的"死读书、读死书、读书死"。学习不得要领，局限于死背老师总结好的东西。这样的学习是"课上记条条、考前背条条、考后忘条条"。这些做法无疑是浪费时间、摧残智力。我们主张活读书，就是抓住知识的要领，悟出其中真谛，经过自己独立思考、加工消化，变书本知识为自己的知识。

我们讲读活书，就是强调理论联系实际，能运用知识分析解决实际问题。我们讲读活书还包括读"无字书"。有的同学认为只有书本知识才是知识。实际上，一切书本知识都来自于社会实践，要善于读社会实践这本"无字书"，多观察思考社会现实，把自己培养为真正有学问、有能力的人。

培养务实学习的

N个法则

下

PEIYANG

WUSHIXUEXIDE

N GEFAZE

孙丽红◎编著

中国出版集团

现代出版社

图书在版编目（CIP）数据

培养务实学习的 N 个法则（下）／孙丽红编著. —北京：现代出版社，2014.1

ISBN 978-7-5143-2112-8

Ⅰ. ①培…　Ⅱ. ①孙…　Ⅲ. ①学习方法 – 青年读物
②学习方法 – 少年读物　Ⅳ. ①G791 –49

中国版本图书馆 CIP 数据核字（2014）第 008507 号

作　　者	孙丽红
责任编辑	王敬一
出版发行	现代出版社
通讯地址	北京市安定门外安华里 504 号
邮政编码	100011
电　　话	010 – 64267325　64245264（传真）
网　　址	www.1980xd.com
电子邮箱	xiandai@ cnpitc. com. cn
印　　刷	唐山富达印务有限公司
开　　本	710mm×1000mm　1/16
印　　张	16
版　　次	2014 年 1 月第 1 版　2023 年 5 月第 3 次印刷
书　　号	ISBN 978-7-5143-2112-8
定　　价	76.00 元（上下册）

目　录

第三章　把握学习规律,成功零距离(下)

第四章　学习关键是效率

第五章　大脑与记忆

第六章　学会自我调控

第三章　把握学习规律，成功零距离（下）

第四节　梳理与总结，学习不纠结

学生对定理的含义思考得越多，定理就被识记得越牢。

学生越能更多地边思考边钻研和边钻研边思考，随着新知识的掌握学习起来就越不费劲。

——苏霍姆林斯基

将书本知识转化为自己的知识，必须通过对知识的加工消化才能实现。加工消化知识能力的高低，决定着学习成绩的优劣。怎样加工消化知识？这里提出一些方法。

1. 解剖法。就是将复杂的概念按其语法的构成解剖为几个部分，分别进行分析，而后再进行综合，实现对概念的把握。如《政治生活》中，我国国家性质概念是"中华人民共和国是工人阶级领导的、以工农联盟为基础的人民民主专政的社会主义国家"。这一概念可以解剖为："工人阶级领导的"强调了我国的领导阶级，"以工农联盟为基础的"指出了我国的阶级基础，"人民民主专政的"提出了我国的国体，"社会主义国家"体现了我国的国家性质。

数学、物理公式也可以通过解剖各个数字、符号的含义理清其关系，准确把握公式。

2．比较法。对相近和相似的知识进行比较分析，便于准确理解把握知识。可以是概念之间的比较，也可是图示之间比较，还可以是公式之间的比较。比较的方法多种多样。

对立比较。把对立的概念放在一起，形成反差极为强烈的对比，记住了一个就掌握了另一个。例如，物质失去电子的变化是氧化，反之，物质得到电子的变化是还原。

差异比较。分析两种易混淆的事物，找出其差异，通过突出它们各自的"个性"来区别。譬如，地理知识中寒流与暖流。

相近比较。分析两个相近或相关的知识，通过比较它们之间的区别和联系，正确理解知识。比如《经济生活》中的价值和价格。

对照比较。把同一类别的若干材料进行对应比较。例如，《现代汉语》与《古代汉语》的指示代词不同，但是指代的事物一样。

3．形象法。利用形象方法给无联系的知识，赋予一定的意义，便于理解和记忆知识。如在《思想政治》中，议会制君主立宪制国家有英国、瑞典、泰国、日本、比利时、挪威、西班牙等。要记住这些国家很困难，用形象法加工后将其变成"瑞英太笨比挪牙。"可解释为：瑞英这个年青人太笨了，和别人比赛比什么不好，非要和别人比赛拔牙，把牙都拔下来那多难受。

再如，中国的地形象一只昂首鸣叫的大公鸡，东北三省是鸡的头部，新疆、西藏是鸡的尾部等等，这样可形象准确地记忆我国各省、自治区、直辖市的地理位置，记忆俄罗斯、越南等邻国的地理位置。

4．具体法。就是用具体直观的事物去理解加工抽象的知识。例如，学习立体几何，可以用具体房屋和建筑的结构来理解，变抽象为具体，也就便于掌握抽象知识。

再如，哲学中矛盾的主次方面的关系不易理解，可以用生活中"浪子回头金不换"为例，浪子过去的主要方面是缺点，而今天他回头了，主要方面就是优点，他就成了"金不换"的好人。

5. 推导法。运用已知知识去推导理解新学的知识，由已知到未知，便于理解掌握新知识。例如，许多数学公式可以用已经学过的公式推导出来。

再如，地理洋流中寒流和暖流交汇处，是鱼类易生长繁殖区域。由此推导出日本和英国所处海域正是重要渔场所在，因为两海域都是两种洋流交汇的地区。

6. 联想法。就是通过联想相关的知识来理解新知识。一是联想已学的知识，例如，学习《经济生活》市场经济的缺陷和弱点，可联想价值规律作用下供求关系影响商品价格上下波动，理解市场经济的盲目性和滞后性。二是通过联想具体事物，例如，化学中关于氧化的知识，可以联想生活中铁制家具生锈现象来理解。

7. 关键法。抓住新知识的关键部分，以带动其他内容。比如，语文、英语中的阅读理解要抓住关键词和句子，抓住了这些有益于把握文章的中心思想。

又如，学习中外历史，要抓住其中的关键人物和关键历史事件，就有利于掌握历史知识。再如，实验课中抓住实验的关键步骤，也就容易掌握其他步骤。

8. 换位法。对一些较难知识的理解可采用换位法，也就是一个角度理解不通，就要从反面、从侧面、从更多角度去理解。例如，理解几何图形，一个方向想不通，可换个角度、换个方法，就会由"山穷水尽"变成"柳暗花明"。

再如，理解文学作品中的人物心理，直接想不通，结合作品中人物的立场、人物所处的时代环境就易理解了。

9. 图示法。为了加深理解和记忆新知识，将知识按其时间或逻辑顺序画成图表。例如将历史朝代按前后顺序制成一大系列表，并将历史事件、重要历史人物穿插其中，这样就会一目了然，系统化的知识就便于掌握了。

将相近的物理公式列成表格，既分清了它们之间的区别，又加深了理解。

10. 扩展法。就是将新知识进行扩展或引申思考。扩展、引申后的知识比原知识具有更丰富的信息与外延。比如，学习生物学等位基因，一种方式是反复一字不差地背诵定义，"同一对同源染色体的同一位置上的、控制相对性状的基因，叫做等位基因"。

对该定义进行3个方面的扩展分析：从数量上看，等位基因是成对的基因；从性质上看，是位于同源染色体的同一位置上；从存在上看，等位基因的遗传效应具有对应关系。这样就加深了对这一概念的理解。高考阅卷中，发现一些考生在解答试题中，运用知识张冠李戴，虽说回答试题头头是道，但基本不得分。此类错误反映出这些考生的一个突出弱点：忽视梳理知识。

梳理知识，就是通过各种方法，将各学科的知识点、知识间的内在联系、知识的系统梳理清楚，实现对知识的准确把握、融会贯通。

梳理知识有多种方法：

章节梳理法。各学科知识都有一定的章节或是课、节、框。章节梳理法就是在学习一章节之后，梳理清楚这一章包括几节，每一节都有哪些知识点。章节梳理能发现知识掌握上的缺陷，以便于查漏补缺。

系统梳理法。就是按知识的系统从整体上梳理,分清知识整体上分为几大部分,各部分都有哪些知识点,明确知识点之间的联系,以便从整体上把握知识。这种梳理可以用图表法,也可组成知识树,如历史学科就可以按历史年代梳理,也可以按历史事件线索梳理。

内在联系梳理法。考查知识的内在联系,是中考、高考试题的重要特点。知识间内在联系,课本上并没有直接体现出来,这就要同学们深入思考,找出知识间内在联系,梳理清楚。例如,《政治生活》中国家、民主、政党、民族、国际关系等概念之间的内在联系。再如,物理学中的力学、光学、电学、热学等知识,都要把其内在联系梳理清楚。

梳理知识在学习、掌握、运用知识过程中是十分必要的。

梳理知识是准确理解知识之必须。世界上一切事物都是普遍联系的,知识之间也是相互联系的。由前到后,由已知到未知,是人类认识的一般规律,如若原有知识混乱不清,要准确理解新知识是不现实的。所以认真梳理清楚已学知识,是学习理解新知识的前提条件。有的同学学习新知识越学越困难,其中一个原因,就是他们忽视对知识的梳理;他们学过的知识杂乱无章,制约了新知识学习。

梳理知识是查漏补缺之必须。中考、高考复习过程,就是对知识的回忆、深层加工过程,就是对知识的运用过程。在复习中要发现自己知识上的缺陷并加以弥补,这就是查漏补缺的过程。通过对知识的梳理,才能发现知识上的遗漏,及时弥补。

梳理知识是准确提取知识之必须。依据试题提供的有效信息,迅速准确地从头脑中提取相关知识,这是当代中考、高考的要求。能否做到这一点,就要看自己所掌握的知识是否有系统、有条理地存储在大脑中。如同箱柜中存放的物品能否在短时间内顺利取出一样，头脑中知识的存储有系统、有条理，才便于快速有效提取。有的同学平时学习很用功，但到考试总是苦思冥想答不出来，其中重要的原因之一就是他们将知识杂乱地存储在大脑中，致使提取困难。

提到梳理知识，有的同学也许会感到为难，这不必要。告诉同学们一个很好的途径：就是紧跟各科老师的指导复习。不论是章节复习还是总复习，各学科老师都要把知识点、重点、知识的内在联系提示出来，指导你对各科知识进行梳理。同学们一定不要错过这些机会，要按照老师的提示，自己适时地将知识梳理清楚。

梳理知识，有益于巩固已有知识，有益于理解新知识，有益于查漏补缺，有益于提取运用知识，是实现高效学习的重要环节，同学们一定要重视梳理知识。民间流传着这样一个笑话：古时候，有个阔少爷一次到外地办事，半途中天上下起了雨无法再赶路，就给家里写信，叫家人送来雨伞。信中写道："天上下起大两（雨），人家有命（伞）我没命，家里有命送了来。"家中父母收信后，认为一定是儿子在外遇难身亡，全家人悲痛欲绝，赶紧准备了棺材为儿子收尸。家人一路哭哭啼啼，跋涉上百里来到儿子的住地，可儿子好好的，什么事都没有。原来是信上写错别字闹得虚惊一场，在场的人一个个哭笑不得。

这个笑话中，"伞"和"命"字形相似，"雨"和"两"字形也相近，正是那位阔少爷把字写错，闹出笑话。同学们在运用知识时也常出现错用易混淆知识的现象。因此，严格区分易混淆知识，是应该引起认真注意的。在历年升学考试中，由于相近相似知识的混淆运用，造成失误的现象屡见不鲜。

各学科中都存在易混淆知识，这些知识往往是学习的难点，又是多年升学考试中最易出题考查的内容。

比如,相近字的混淆。戊、戌、戎、戍 4 个字;己、巳、已 3 个字。这些字之间经常错用。

又如,概念的混淆。物理知识中:压力和重力、浮力和浮沉、热量和比热容。化学知识中:点燃、燃烧与加热;适量、足量与过量;加热、高温与煅烧。地理知识中:寒流与寒潮、降水与雨水、荒漠与沙漠。

再如,知识系统间的混淆。例如高中哲学各部分知识之间分辨不清。在高考评卷中发现,高考试题要求运用辩证唯物论原理,有的考生却回答成唯物辩证法原理;试题要求运用唯物辩证法理论,有的考生却回答成辩证唯物论原理。

这些易混淆知识的错用,造成升学分数下降,不能进入理想的学校,令多少考生痛心疾首。

如何分清这些易混淆知识? 这里提出几点,不妨一试:

1. 思想上高度重视。人们办事出错误往往在大意的时候,如果对某事引起高度重视,一般就不易出差错。一首古诗说:"急流险滩人谨慎,从来不闻倾覆人。倒是平流无险处,常常听说有沉沦。"与此同理,高度重视之下,再容易混淆的知识,也就不易出错了。

2. 深刻理解、准确把握。同学们运用这些知识易出错,主要是学习中对其理解不深刻、掌握不准确。所以学习中一定注意准确把握知识,切不可囫囵吞枣。对知识的一知半解,是错用知识的根本原因。

3. 加强比较、分清界限。人们对双胞胎兄弟(或姐妹),只有细心比较才能分辨出来。同样道理,同学们要想不错用易混淆知识,就要对其进行认真比较,找出其差异之处,严格分清界限。界限分明、印象深刻，自然就不会错用。

4. 用顺口溜加强区别。一些十分相近难以区分的字，不妨采用编顺口溜的办法加以区别和记忆。例如，戊、戌、戎、戍4个字，可编成"叉"戎（róng）"横"戌（xū）"一点"戍（shù）的，"中空无画"字为戊（wù）；己、巳、已3个字，可编为已（刃）"出头"巳（si）"封口"，只有己（jǐ）字"头是空"。

5. 勤于梳理知识。不能整体、系统地把握知识，是知识系统运用出错、张冠李戴的根子。所以不仅要注意准确把握知识点，还必须注意将知识从整体上、系统上梳理清楚，明确分清其界限，保证准确无误运用知识。总结就是为了在升学考试中不留下任何遗憾。

有双胞胎姐妹俩，同时考入同一所高中。姐妹俩习惯迥然不同。每次学校考试后，妹妹考试完就放下不管，却总看到姐姐在静心分析试卷。一次妹妹不耐烦地规劝说："考试分数都知道了，你还费什么心思，真是多此一举，还不如出去放松放松。"姐姐也劝妹妹要认真分析试卷，妹妹却不以为然。一学年下来，姐妹俩期末考试总分相差近百分。妹妹这时陷入痛苦的思考中，为什么和姐姐学习一样用功，成绩却相差如此大？这一打击让妹妹悔悟到，她和姐姐的差距就是自己不善于总结。

学习总结是发现问题的的过程。学习总结就是通过分析试卷或作业，发现知识上的遗漏，找出能力方面的缺陷，认识学习中一些做法正确与否。所以，学习总结是一个回顾过程，是一个发现问题、解决问题的过程。缺少这一过程，知识的遗漏不能发现，能力的缺陷不能认识，正确的经验不能发扬，错误的做法不能纠正。这就是一些同学学习费力，成绩不佳的原因之一。

学习总结是一个认识提高的过程。总结过程就是一个再认识过程，是一个认识不断深化、不断提高的过程。无论是对知识的理解、做题技巧，还是考试的经验，都有一个不断提升的过程。同学们的认识总要受到种种条件的制约，都需要不断发展提高。这除了老师帮助指导外，主要是靠自己在学习中不断总结来实现。

学习总结是一个探索规律的过程。考试、听课、做作业，这些绝不单是完成学习任务的过程，而是从中发现问题、探索学习规律的过程。一个阶段学习或一次考试之后。应当做一次总结，通过对成功和失败原因的深入分析，找出学习经验，摸索出学习规律性的方法和技巧。坚持成功的经验，调整错误的做法，就会不断地掌握学习的主动权，不断地提高学习成绩。

唐朝贞观之治的开创者唐太宗有句名言："以铜为镜，可以正衣冠；以史为镜，可以知兴替；以人为镜，可以明得失。"唐太宗之所以成就"贞观之治"的伟业，与他善于从个人、他人、历史中总结经验教训是分不开的。可有的同学却不知道总结什么、怎样总结。

学习的各个方面都是需要总结的。例如，当你经过一阶段学习之后，静下心来分析自己知识掌握得如何，有哪些还没有弄懂弄通；作业里出现过哪些错误，从中发现知识掌握上的缺陷，能力上的不足；当你经历一次考试，可通过分析试卷，发现自己考试中的经验，找出失分的根源，到底是知识问题、能力问题、答题技巧问题，还是考试的策略问题。

学习总结是随时可进行的事。关键是专下心来，主动从具体学习活动中找出经验、发现不足，摸索出学习规律。没有总结这一环节，必然是个人对学习情况心中无数，"打的是糊涂仗"，每天盲目忙乱，结果学习只能是高投入、低产出。

总之，善于进行学习总结，不断发现、改进自己不妥之处，找出努力方向，吸取个人和他人的成功经验，不断探索学习规律和技巧，你的学习成绩必定会长足进步。

第五节　培养好习惯，终生要学习

如果你读过康有为的《我史》和诸如梁启超之类的同时代人物等对他的回忆，你也许会得出一个基本的印象，就是康有为年轻的时候博览群书，是当时社会极少数的学贯中西的大儒。这无疑为他导演"戊戌变法"和设计"大同世界"做了非常有利的准备工作。从此以后，中国小朋友只要上过历史课的，基本上都会知道有过康有为这样一个人。

可是，戊戌变法是1898年的事情，而康有为一直活到1927年，在变法失败和以后的日子里，他在为风雨飘摇的国家继续做些什么呢？实际上，他到临终前，一直还在宣扬他那套曾经红极一时的但是已经明显不再符合社会潮流的旧思想，比如说复辟呀、保皇呀、改良呀。你一定会很奇怪，为什么一个曾经目力深远得可以给整个民族指引方向的智者会在以后的日子里变成一个只会固守着陈旧理论的老人呢？我觉得一个原因可能在于康有为不能持续学习新东西。根据梁启超的回忆，康有为经常跟别人讲，"我该读的书在30岁以前全都念完了，30岁以后就再也不需要学习了。"如果一个人对偌大的世界保持这样一种封闭的态度，那么他哪里来的动力"活到老，学到老"呢？如果不能"学到老"，他怎样让自己老年的时候仍然身处智慧大军的前阵呢？

康有为的学生梁启超则是一个完全相反的例子。从《饮冰室合集》和保存下来的梁启超家书可以推测出,梁启超是一个始终对任何新鲜事物、任何未知领域都保持着广泛兴趣和开放心态的人,他几乎一生中每天都在持续地保持着勤奋阅读和学习新东西的习惯。

1898 年戊戌变法失败之后,梁启超流亡日本,众多追随老师的学生(包括后来的蔡锷将军)辗转追随老师的脚步奔赴日本。流离失所的老师和一贫如洗却又一腔激情的学生们在平日里的闲暇时做什么呢?一起学习研究日本及西方的文化、经济、军事等所有新鲜的知识,他们相信这些知识将来必有国家用得上的时候。这个时候,梁启超 25 岁。

1919 年巴黎和会前,梁启超等人坐轮船远涉重洋去法国外交。在轮船上,每天早上坚持学习 2～3 个小时的外语,每天阅读 4～6 个小时的西方社科书目,每 2～3 天精读完一本专业著作。这个时候,梁启超 54 岁。

从这些例子,你也许就容易理解为什么康有为画地为牢而梁启超却可以不断自我超越,自成一家。

梁启超是那种既享受了正规的学堂教育又能够终生保持学习习惯的人。需要你强调的一点是,即使对于一个没有享受过多少正规学校教育的人,只要他能够保持每天阅读、每天学习的习惯,他仍然有可能成为他所热爱的行业的领头羊:杰出的商人、成功的银行家、优秀的科学家,或者英明的政治家。

为了便于你理解,这里,先给你讲两个小故事,然后大致再给你讲一下我为什么持有这种看法。

从中学课本上,你肯定已经知道罗伯特·欧文(Robert Owen)这个历史人物了吧——那位著名的空想社会主义者,他的关于人类社会组织新形式的大胆设想和他的实践直接影响了西欧乃至整个人类历史的书写。但是，欧文出生于威尔士一个底层的五金店店主家庭。9岁的时候便不得不辍学去当学徒。小欧文白天勤奋地做学徒的活儿，夜里便如痴如醉地阅读自己各种能够借得到的书籍。这样，欧文20岁不到的时候，便是英格兰一家大生产厂的头号管理者，不到25岁的时候，他已经成为当时社会里的身家上百万的富豪。不仅如此，欧文还提出了很多改造社会的想法。

而对于本杰明·富兰克林，那个通过放风筝成功地做成电的实验的人。你必定已经很熟悉了。根据富兰克林的自传，他只上过两年学堂，然后他爸爸便让他辍学了。可以想象，不论是他在他老爹的作坊里帮助插蜡烛芯，还是到他兄长的印刷厂里当小学徒，对于一个像富兰克林那样智力上充满了好奇心的孩子来说，那些工作可能都是枯燥无味的。

富兰克林本人非常轻描淡写地提到自己当时怎样通过结识书商的学徒，通过租书、换书等方式为自己找到大量的读物。然后在完成白天的学徒工作以后，挑灯夜读。一个没有过相应的疲惫经历的人，很难体会到这需要多大的毅力和多强的兴趣才能做到。也正是因为这样，富兰克林成为整个人类历史上少有的通才之一：科学家、文学家、外交家、政治家、哲学家、富商等等。

欧文和富兰克林这两位在诸多领域都取得极大成就的人，都是没有上过几年学堂的人。但是，通过自我教育和终身学习，他们都成功地实现了自己的人生目标。中国历史上也不乏类似的例子。陈云小的时候因为家里贫困不得不辍学，但是，通过不懈的自我教育，他成为新中国经济和财政方面的最出色专家之一。关于更多的细节，你感兴趣的话，建议你去读中央文献研究室编写的《陈云传》。

那么，为什么说即使从第一流的大学毕业以后，还是需要保持终身学习的习惯呢？这是一个很大的问题。我建议，目前这个阶段，我们来简单地算一个账，希望能够帮助你弄明白我的意思：假如你20岁时，从全世界最好的大学本科毕业，以后，你就开始工作挣钱享受生活了，那么，你一生受过的教育也就是你受过的4年正规教育，加起来一共不到1.2万个学时（假设你在这4年中，每天学习8个小时，每年学习365天）。假如你本科毕业以后，活到60岁，期间每天仍然坚持深入学习或广泛阅读3个小时，那么这40年中你总共接受的自我教育将超过4万个小时。假如你大学毕业以后停止了自我教育，那么你损失的是你用三个一流大学的学位也换不回来的宝贵财产。

奥维德说："学问足以改变人格。"

伏尔泰说："读书使人心明眼亮。"

而我们要说的就是："学习是一种能量，会让我们的生活更加美好。"

是的，从无知无识的童年开始，从懵懵懂懂的思索开始，从幼稚浅薄的情感开始，我们都离不开学习，是学习改变了我们对世界的认知，是学习让我们知道了拥有知识的美好。

学习，对于我们每个人而言，都是极其重要的，尤其在知识经济如火如荼的今天。学习与生活已紧密联系在一起，要想让生活更美好，就必须主动地去学习。现在，你只要向四周看一看，无论是务工、经商，还是就业、参军，甚至是种田，哪一个不需要学习？因为没有知识在现代社会寸步难行。

永远年轻是每一个人的梦想。这份年轻首先就表现在学习上，是学习让我们时时保持着对世界的一份好奇之心。好奇之心始于儿童，是儿童探索世界的缘由。拥有一颗好奇之心的人，便是拥有一颗不老的童心。在不断地学习过程中，我们才能不断地发现新问题，才会知道"世界原来是这样！""为什么会是这样？""究竟怎样才算最合理？"这样的问题会一环套一环，旧的问题解决了，新的问题随之而来，时时有问题，时时去探索，时时都会保持童心之真。

学习就是一座桥，它会带着我们从无知走向有知，从懵懂走向睿智，从幼稚走向成熟，从浅薄走向深刻。因为这座桥的存在，平淡的生活才会如此地色彩斑斓。

鲁迅说："倘能生存，我当然仍要学习。"那么，我们所要说的是：我们正活着，我们当然必定要学习。

愚昧从来没有给人们带来幸福，幸福的根源在于知识。

——左拉

如果不想在世界上虚度一生，那就要学习一辈子。

——高尔基

科技的发展把世界推进到知识经济时代。这一时代知识是最有价值的财富，人的智力主宰一切。同学们想在这一时代取得成功，就必须做成功的学习者。

成功学习者的特征是掌握学习的本领，实现终身学习。同学们在校学习一要学会一定的知识，二要学会学习的本领，后者比前者更重要。两者虽是在同一学习过程中，但有着根本的区别。

学会一定的知识既可依靠接受老师的传授，依靠加深记忆来实现，也可以在老师的指导下，通过独立思维、主动探求来实现。前者掌握了一定的知识，却未具备探求知识的能力，后者才实现了学习知识和提高能力的统一。掌握一定的知识并不等于具备了一定的学习能力。

伴随经济全球化的发展，世界各国都存在激烈的职业竞争，而职业竞争实质上是知识和能力的竞争。各行业都把高能力、高学历作为选择员工的主要标准，优胜劣汰成为全球性的职业竞争的必然趋势。

各行业在引进、招聘高能力、高学历人才的同时，都在解聘落伍的员工，甚至各级劳动模范，由于缺少必要的知识和学历，同样进入下岗工人的行列。

在各行业竞争中，无论是领导者还是普通员工，都面临着就业竞争的压力，这一竞争的压力，主要来自行业新知识、新技能的挑战。各行业的新知识、新技能都要从头学习，这是对每一位从业者学习能力的检验。如金融业由珠算、计算器进入电脑操作；教师由过去的一支粉笔进入多媒体教学；军队由步枪、大炮进入当代信息化作战。

在新知识、新技能面前，缺乏学习的能力，就会在竞争中被淘汰。优胜劣汰、适者生存，这一生物界的法则在职业竞争中，无论是在中国、美国，还是在世界各地，不管人们是否乐于、是否能够接受，在知识经济时代，成为通行的铁的法则。

过去人们讲，上了大学就有了铁饭碗，这一观念在当今也同样被否定。大学毕业或者研究生毕业，同样面临重新学习的任务。世界的新知识每年以20%～30%的速度更新，几十年前，甚至几年前学过的东西就被新知识所代替。知识的新陈代谢在加速进行着，谁也别想靠"老本"来维持工作，没有不断更新知识的能力，就会像过时的机器一样被淘汰。

原有行业激烈竞争的同时，随着社会和科技的发展，新行业、新领域如雨后春笋般出现，表现出了强大的生命力，为人们提供了就业岗位，如信息产业、旅游业等行业，以势不可挡的势头在发展着。这些行业对就业者都提出了知识和技能的特定要求。只有学习能力强的人，才能在新行业中如愿以偿。那些学历高，但缺乏学习新知识、新技能的人，也会"望洋兴叹"。

知识经济时代，知识本身就是财富，就意味着稳定的职业和卓越的成就。无论中学还是大学，都只是为人们今后的学习、工作提供一个基础、一个前提。这一前提就是在掌握一定知识的同时，学会学习的方法，提高学习的本领，为进入职业岗位学习新知识、新技能打下基础。

所以，同学们在校学习期间，应把提高自己的学习能力、适应环境的能力、不断更新知识的能力，放在重要位置，否则，一旦进入社会激烈的职业竞争中，面临的只能是被"大浪淘沙"。

同学们在校学习应做一个有远见的人，做成功的学习者，这是每个人生存和发展的必须，也是社会发展的需要。

学习是一种终身习惯，同时也需要良好的学习习惯来辅助这种终生习惯。首先，我们养成习惯，然后，习惯造就我们。克服坏习惯，要不你就会沦为它们的奴隶。

——罗伯特·吉尔伯特

良好的习惯永远是一个人成功的法宝。

——瀚海箴言

学习成绩的优劣，是智力因素和非智力因素共同作用的结果。在诸多非智力因素中，学习习惯起着重大作用。少年大学生谢彦波，8岁考入中国科技大学少年班，15岁成为中国科学院物理研究所研究生。有人说他是神童，也有人说他大脑特别发达。谢彦波却认为："我并非神童，脑袋与一般孩子也没有什么差异，我之所以在学习道路上先行一步，主要是我自幼就养成了好的学习习惯。"

国内外教学研究统计资料表明,对于绝大多数学生来说,学习的好坏,20%与智力因素相关,80%与非智力因素相关。而在信心、意志、动力、习惯、兴趣、性格等主要非智力因素中,习惯又占有重要位置。英国唯物主义哲学家、现代实验科学的始祖培根曾说过:"习惯真是一种顽强而巨大的力量,它可以主宰人的一生。"习惯一旦形成,就成为一种自动化的行为,不需要特别的意志努力,不需要别人的监控。有人提出,好的习惯受"益"终生,而坏的习惯则是一辈子欠账。同学们务必要养成良好的学习习惯。

应当具备哪些良好的学习习惯呢?

1. 专心致志的学习习惯。一是上课时要专心致志。课本知识的学习主要在课堂,上课时全神贯注,才能最大限度地获取信息,才能深入思考、消化知识。一切与学习无关的事情能做到听而不闻,视而不见。假如上课时身心不专,自然收获甚微。二是做作业要专心致志。做作业时聚精会神地思考,才能准确理解题意并正确解答问题,才能找出其规律性。三是在一定时期内,明确主攻方向。紧紧围绕主攻方向安排学习内容,一切与主攻方向相悖的,诸如忙于社交、热衷于赶时尚,都是不可取的。

2. 求真、求实的学习习惯。在课堂没能理解的知识,课下一定要继续深入地思考,不能囫囵吞枣,满足于一知半解。做作业或平时练习时要用心思考,严格规范答题,不能马虎潦草、敷衍应付。每次考试后要认真总结经验与教训,不能分高则喜,分低则忧,以后考试仍没有长进。

3. 一心向学的学习习惯。在读书、阅报乃至做一切事情时,都能把注意力的"焦点"调到与学习相关的"目标"上去;能够利用闲暇时间,直接或间接地做与学习相关的事。科学家巴斯德说:"机遇只偏爱有准备的头脑。"一心向学的头脑便是有准备的头脑。同样是用水壶烧水，有的人只是为了烧出开水，而瓦特却受启发发明了蒸汽机；同样是手被草叶拉破了，有的人只会埋怨自己的粗心，而鲁班却由此发明了锯。正是因为瓦特、鲁班平时一心向学，这些自然界的微弱刺激便激起其灵感的火花。有一心向学习惯的人，随时随地都可以学到知识，增长智慧。

4. 善于思考的学习习惯。由书本知识转化为自己的知识，必须有一个独立思考过程，这是任何外界力量都不可代替的。善于思考就是深刻加工消化知识，找出知识之间的相互联系，把分散的知识点连接成有机的整体，加深对知识的理解和记忆。善于思考可以不断解开疑团，激发灵感，从而有所发现、有所发明、有所创造。爱因斯坦在整个科学生涯中，始终信奉"怀疑一切"这句格言。正是凭这种"怀疑一切"、善于思考的精神，爱因斯坦提出了划时代的"光量子"概念，创立了相对论。

5. 定时完成任务的学习习惯。一是定时完成记忆任务。包括外语单词，数理化定理、公式，汉语中的字、词、名言佳句，历史中的人物、事件等等。13岁进入科技大学的少年大学生周峰，认识汉字、记忆英语单词，都是每天10个，即使走亲访友时也从不间断。这样一年下来，便记住了3000多个汉字和3000多个英语单词。二是定时完成作业，定时预习、复习课程。如若学习拖拉，随心所欲迁就自己，该记的没有记住，作业不能按时完成，应当复习的内容不能及时复习，导致知识的链条脱节，一到考试"临阵磨枪"，结果只能是望"分"兴叹。

怎样养成良好的学习习惯呢？

1. 志在有恒，不断重复。一般说来，每个同学都想有良好的学习习惯，但做起来并不容易。要说到做到立下恒心、坚定不移。行为心理研究表明：21 天以上的重复会形成习惯，即同一动作，21 天的重复会形成稳定的习惯。任何一种行为状态，重复 21 天或者重复验证 21 次，就会变成习惯性动作。

2. 从点滴抓起，及时纠偏。一些同学自制力较差，在培养好习惯过程中，容易出现反复、敷衍、放任等现象，这就要求从一点一滴的小事做起，严格监督自己，发现偏离及时纠正。通过一点一滴、一步一个脚印的训练，就能在多次刺激与强化的基础上将好的习惯变成自己的内在需要。

3. 排除干扰，自我激励。为了培养良好学习习惯，还要学会排除内部干扰和外部干扰。内部干扰主要是在受挫折时情绪不佳而放纵自己。当你产生忧郁、愤怒等情绪波动时，可以通过做具体的事情来转移注意力。对付外部干扰一种有效的办法，就是改变环境，转移注意力。当生活圈内有人向你施加不良诱惑时，可以寻找理由暂时跳出这个圈子，消除不良诱惑，努力去做自己应该做的事情。

有人说，行为养成习惯，习惯造就性格，性格决定命运。这些话是极有道理的。切记，不良的学习习惯是学习中的陷阱，这些陷阱是自己设下的，又是习以为常的行为，易被人所忽视。多年来许多失败的教训告诫同学们，切莫让自己设下的陷阱葬送你的前程。希望同学们尽快战胜不良学习习惯，养成良好的学习习惯！

第四章 学习关键是效率

第一节 勿向环境低头，相信勤能补拙

客观因素，提高自身学习能力命运不在于机遇，而在于选择；不能等待，只能争取。

——威廉·詹宁斯·本延

有一个寓言故事，讲的是一只猫头鹰在一片树林中生活，其他鸟儿们说它的叫声难听。它埋怨鸟儿们对它不好，一生气就飞到另一树林中。第二片树林的鸟儿们也说它叫声难听，猫头鹰又飞到一个新的地方；第三片树林中的鸟儿们也同样埋怨它的叫声，那只猫头鹰气得大骂："你们都不是好东西"。可它就是不埋怨自己。这个寓言故事就是讽刺那些办不好事情，不从主观上找原因，而片面强调客观的人。

一些同学常埋怨说，"我学习不好，是学习环境差"，"环境不好怎么能让我好好学习"。

"人是环境的产物。"谁也不能否认环境对人的影响。我国古代就有"孟母三迁"的故事。在不同的学习环境中，学习成绩是会有所不同。但是，同样的学习基础、在同一所学校、同一个班级学习，为什么有的同学成绩优秀，有的成绩则差呢？

这就不是环境问题而是自身的问题了。唯物辩证法认为，内因是事物变化发展的根据，外因是事物变化发展的条件，外因通过内因而起作用。

高度残疾的张海迪成为出色的外语人才；著名乐曲《二泉映月》是盲人阿炳的杰作；成都市华阳镇河池村的断臂少女左小翠，在2005年高考中获得609分的优异成绩。这些奋斗者的条件能和正常人相比吗？为什么他们能取得令世人惊叹的成绩？

这关键是一个思想方法问题，就是如何看待主观因素和客观条件的问题。学习知识和办任何事情一样，都是客观条件和主观因素共同起作用的结果，否认任何一方面都不科学。但在同一客观条件下，主观因素就起着决定作用。只强调客观条件否认主观因素，在理论上是片面的，在实践中也是错误的。片面强调客观就是以客观掩饰主观，宽容自己的过失，为自己的过失开脱。现实学习生活中，主观不努力，成绩不佳者，不是总会找出众多理由吗？

是强调主观因素还是强调客观条件，人们的思想方法不同，结果就大不一样。在中外历史上有所作为者，都是发愤图强、不懈奋斗者。张海迪、阿炳、左小翠的成功就是因为"天道酬勤"、"一分辛苦一分才"，他们付出了超乎常人的努力。这才是生活的真理。那些不讲主观原因，而是无休止的满腹牢骚、怨天忧人者，其结果除了自己心理不平衡以外，将一事无成。

强调客观原因，埋怨客观环境，是不正确的、贻误人生的思想方法，是引导人走上失败，悔恨终生的思想方法。片面强调客观原因，忽视主观努力，作为中学生必然是荒废青春，贻误前程。

奉劝强调客观因素的同学还是多从自己身上找原因，发现自己的弱点和错误，以奋斗者为榜样，为了自己、为了家庭、为了国家好好珍惜黄金时代吧。

　　主观因素首先要培养自己的学习能力。解答同样的数学题，为什么有人做得又快又准确，有人却是又慢错误率又高？其根本原因就是分析计算能力不同。

　　学习能力就是获取知识、运用知识的能力。中学阶段的学习能力一般表现为注意能力、观察能力、记忆能力、理解能力、想象能力、知识迁移能力、计算能力、识图画图能力、鉴赏能力、评价能力、实验能力、自主学习能力、自我管理能力、解决问题能力、协调能力和创新能力等。

　　各学科对学习能力又有着不同的要求。理科更突出计算能力、实验能力、空间想象能力，而文科则更强调识记能力、阅读理解能力、鉴赏评价能力。

　　有的同学也许没有注意到学习能力问题，但学习能力决定着学习成绩优劣。过去中考、高考试题是知识立意，注重对知识的考查，而现在却是以能力立意，注重对能力的考查。社会的发展在抛弃书橱式人才，各行各业都要求高学历的人才。可以说，同学们的学习能力如何，关系到学习知识的效率，关系到升学考试成绩的优劣，关系到未来事业的发展。

　　学习能力是怎样获取的？它不是与生俱来的，也不是单纯老师教会的，而是在老师指导下，自己在学习实践中，在不断的训练中得到的。比如你课下做作业，只求完成任务，并无心考虑做题过程中的技巧和要领，你的解题能力就不会有多大提高（解题能力是多种学习能力的结合）。与此相反，你若在平时做题严格要求自己，在解题过程中用心探索、总结做题的技巧和要领，并能不断吸取他人解题的好方法，解题能力就会长足提高。

　　所以同学们在学习中务必严格自我要求，有意进行学习能力的训练。如果发现自己在哪些方面能力不足，不妨抽出一定的时间，进行专门的训练。

第二节　树立时间观念，尽快进入学习状态

任何节约归根到底是时间的节约。

——马克思

你热爱生命吗？那么不要浪费时间，时间就是生命。

——本杰明·富兰克林

假若有人问你，世界上最公平的是什么？你一定会说：是时间。时间对于每一个人来说都是最公平的，无论是皇帝还是乞丐，一天24个小时，谁也不会多一秒或少一秒。时间又是最无情的，时间一去不复返，人生没有返程。莎士比亚曾这样描绘时间："在时间的大钟上，只有两个字——'现在'。我们应该永远珍惜眼前的一分一秒，着眼现在，因为没有现在，也就没有未来。"

如若你对珍惜时间不以为然，上课了长时未进入状态，不能安下心来听课；课下做作业，总是迟迟不能静下心来；节假日忘记了学习，作业由今天推到明天、明天推到后天，大好时光就会在无聊中白白流逝。

中学时期是人生的黄金时期，6年时间转眼即逝。不珍惜时间，办事拖拖拉拉，无疑浪费了大量时间，让珍贵的时间大大"缩水"。时间老人是善良的，对珍惜它的人，会给予丰厚的回报；他又是苛刻的，对浪费它的人，会给予无情惩罚。古今中外的成功者都是惜时如金，而一事无成者都是浪费时间，视"金"如土。

古人有诗云："春夏秋冬四季天，风花雪月紧相连，长江一去无

回浪，人老何曾在少年。"这就告诫后人必须十分珍惜时间，珍惜时间就是珍惜生命，就是珍惜自己的前程。

学习中有的同学认为时间不够用，其实这也与自己的时间观念有关系。

在某大学的教室里，一位物理教授拿着一个大玻璃瓶子和一些沙子、大小石块走上讲台，给学生们做一个试验。当他将大石块装满瓶子后问学生："这一大瓶子装满了吗？"学生们回答说："装满了。"教授将一些小石块装进大瓶子后又问："瓶子装满了吗？"学生们用疑惑的目光看着教授没有回答。教授又将沙子装进大瓶子，而后又将水倒进大瓶子。看着疑惑不解的学生，教授语重心长地讲道："同学们，这一大瓶子装满大石块看来是装满了，可后来我又装进了小石块、沙子和水。这和时间一样，学习中大块的时间看来没有了，可是小块的零碎的时间总是有的，这就看你是否会利用起来。"

学习生活中，大块的时间确实是有限的，这就看谁会充分利用时间。正如雷锋同志所说："时间好比海绵里的水，要挤总是有的。"雷锋正是发扬"钉子精神"，挤时间学习科学文化知识。

进入中学阶段，尤其是高中阶段，学科门类增多，知识量大大增加，课外作业量增大，还要阅读大量与课本知识相关的课外知识，时间的确是紧，这就要树立正确的时间观念，争取最高效率利用时间。

如何高效率地利用时间？这里提出几点可以借鉴：

1. 要有时间紧迫感。无论是上课还是课下做作业，都要争分夺秒，不要拖拉。上课就要集中精力，全身心投入，才会有高效率。课下做作业也要是尽快进入状态，全神贯注，才会快速优质地完成作业。

2. 增强学习计划性。每天做事要有个大致计划，切莫盲目乱抓。合理地计划和科学地安排时间，将会大大提高学习的效率。

3. 当天的事当天做完。有的同学有办事拖拉的习惯，总认为明天还有时间，今天推到明天，明天又推到后天，"明日复明日，明日何其多"。所以要坚持当天的事当天做完，"雷打不动"，这才是好习惯。

4. 充分利用边角料时间。木匠在做家具时，总是习惯于充分利用边角料，这样会节省木材，减少资源浪费。生活中的边角料时间每个人都是有的。如节假日、周末休息、他人娱乐时间，都可以充分利用起来。再如，在劳动之余，在你看电影、节目未演出之前，当你坐在汽车上、火车上的行程中，这些"边角料时间"都是可以利用的。只要你有恒心、有毅力，时间总会挤出来的。

5. 好钢用在刀刃上。在时间紧任务重的情况下，要学会抓主要矛盾，抓住最重要的和最急于办的事情，这就是好钢用在刀刃上。在各学科关系上，坚持抓好自己的薄弱学科。在复习时把主要精力放在最易得分的内容上，这就是最优化安排时间。

生命是由时间组成的，珍惜时间就是珍惜生命，树立时间观念，就为你实现愿望提供了前提条件。

抗日战争时期，在晋察冀抗日根据地，某剧团在演出话剧《白毛女》，当演到地主黄世仁逼死农民杨白劳这一情节时，观众中一个战士愤怒地向台上"黄世仁"举枪要射击，多亏身旁战友拦住，不然演黄世仁的演员就没命了。可见这一战士真正进入了状态，把舞台上的表演当成了现实。

观众进入状态就能深受教育，演员进入状态才能把戏演得逼真，部队进入状态才能随时消灭来犯之敌。同学们学习同样要尽快进入状态。

人脑活动是有规律的。人脑由一种活动转入另一种活动，要有一个活动兴奋中心的转换过程，尤其是较复杂的脑力活动，没有这一转换就不能很好地进行新的活动。人们常说的"大脑一时转不过弯来"就是这种现象。

进入状态就是在一种活动状态下，有意识地调节自身的脑力活动，实现兴奋点的转移。如果没有这种转移，也就是没有进入状态，人脑就不能有效地处理各种信息，或处理信息的能力会大大减弱，造成工作效率的低下。

学习实践中我们常发现，上课几分钟后，一些同学还没有专下心来，老师讲什么内容他也摸不着头绪。要做作业了，不能快速进入状态，很长时间了还不知想些什么。久而久之，他们的成绩与学习很快进入状态的人比会相差甚远。

所以，同学们在学习中应当学会调控自己，课下玩就要玩得轻松、玩得开心，起到放松身心、恢复体力和脑力的作用。一旦开始学习，就要尽快收起玩心，快速进入状态。乍看起来，这是一个很小的学习环节，但却是一个发挥智力潜能、提高学习效率的非同小可的环节。

第三节 高效学习原则，全面提高自身素质

财富是靠不住的。今日的富翁说不定是明日的乞丐。唯有本身的学问、才干，才是真正的本钱。

——罗兰

重要原则不可变。

——亚伯拉罕·林肯

1. 相信自己的原则。每个人都拥有同天才一样的脑容量。每个人都具有成为天才的潜能，只是怎样去开发。坚定的自信心是开发潜能的重要条件。自信是事业成功的前提和基础，自信能坚定你的意志，调动自身的能力，实现高效学习。时刻谨记，你是一个有能力的学习者，你可以学会一切。

2. 主动学习的原则。成为一位主动的知识探求者。只要你在广播、书报、网络、影视、生活中，听到或读到任何有用信息，你的大脑都应立刻反应，对这些信息进行处理，找出它们和大脑已存信息的联系，让这些信息成为自己知识的一部分，你就会获取比他人更多的知识。

3. 身心投入的原则。大脑是在激活的状态下加工处理信息的，大脑激活得越快，激活程度越高，处理信息高越高效。

学习时只有全身心投入，才能快速激活大脑中储存的相关信息，才能反应敏捷、思路畅通，加工处理信息快速准确。相反，如果行为懒散、身心不专，违背了大脑运动的规律，学习的效率就必然差。

4. 充分准备的原则。是普通的学习还是出色的学习，取决于学习前准备的质量，准备是学习技巧中最有价值的一部分。准备既有物质准备又有精神准备，而主要的还是精神准备。精神准备包括：精神放松，没有过度的兴奋，也没有焦虑和不安；对完成学习任务充满信心；迅速从其他活动中转移到要学的内容上来；对大脑进行预热，进入学习状态，尽快激活大脑相关信息。

5. 认真求实的原则。无论是读书、听课还是做题，都要坚持认真求实。书没读懂要重新读，吃透书中的思想观点；听课没理解要重新钻研，将书本知识转化为自己的知识；做题要深入思考、理清思路、严格规范，用心探讨答题的要领、规律。认真求实，贵在自我严格要求。

6. 各个击破的原则。面对复杂困难的学习任务，将其分解为相对容易完成的小任务，从最容易完成的小任务着手，各个击破。当你完成某些小任务时就会有成就感，精神上也会感到轻松一些，让你在有成就感且充满信心情况下，实现完成复杂困难任务的目标。

7. 分清轻重的原则。当学习内容多、任务重时，要分清轻重缓急，理出先后顺序，保证主要和最急迫任务的完成。先抓主要矛盾，又坚持统筹兼顾。设置一个学习时间表，按照任务量大小和内容的急缓程度合理运用时间，在众多任务面前你就掌握了主动权。既能防止盲目乱抓浪费时间，又能保证有条不紊地完成任务。

8. 严格自律的原则。自律和自控是无可替代的。没有一定的自律、自控力，再好的学习技巧也是纸上谈兵。相对于自律和自控来说，学习技巧是第二位的。如果你具有较强的自律、自控能力，就能战胜困难、排除干扰，实现既定目标。

必须明确，不良学习习惯、不当的欲望，是学习中最大的拦路虎。用坚强的自律、自控去战胜这些拦路虎，你就是实现理想的成功者，否则只能是望洋兴叹的失败者。

9. 取人之长的原则。古今中外一切成功者都是虚心学习者，向老师、同学、家人、邻居、朋友学习，从影视、报刊、网络、广告中学习。取人之长补己之短，不仅是他人的学问、他人的经验，就连他人可取的行为、可取的精神、态度、优秀的语言都要学，悟出道理为你所用，你的知识、才干、经验就会时时长进。

10. 持之以恒的原则。"滴水穿石"是学习的真理。要取得成功就得有"滴水穿石"的精神。坚持比才能、天赋更重要。没有坚持，所谓的才能、天赋就没有实际意义。许多事情都是"始者众多，终者盖寡"。有成就者凤毛麟角，就在于在困难、失败、挫折面前能持之以恒的人甚少。

学习知识拼的就是一股耐力、一种毅力、一种持之以恒的精神。

木桶是由多块木板组成的，如果木板有高有低，木桶的盛水量是由最短的一块木板决定的。依据这一现象，心理学家提出了木桶效应理论。这一理论认为，一个人事业的成败是众多因素共同发挥作用的结果，任何一方面欠缺都会制约事业的成功。

据报道，有一博士生，毕业后以优异的成绩被国外某大学录取攻读博士后，在他出国前几个月，某企业以每月50万元的高薪聘用他研究新的产品。这位博士生经不起金钱的诱惑，从事了罪恶的毒品研究，不久事发被公安机关逮捕入狱。这位博士生论智力、能力可谓是高素质人才，但思想道德素质严重缺失葬送了他的事业，毁掉了他的一生。

木桶效应在同学们的学习中同样发挥着作用。它表现在 3 个方面：

一是文化学习是智力因素、非智力因素等多方面共同起作用的结果，任何一种因素缺失都严重制约学习成绩。

二是多学科分数的总和决定升学成绩，任何学科的严重"缺腿"，都是其他学科无法弥补的，都会制约你进入理想的学校。

三是就做题来讲，它是知识水平、专心程度、情绪状态多种因素共同起作用的结果，任何一种因素缺欠都会制约做题的成效。

我们先从第一方面谈起。文化知识学习是智力因素、身体状况、心理素质、学习方法、思想方法等因素共同起作用过程，哪一因素缺陷都会制约学习效果。

现实学习生活中，有的同学有很好的智力，但是学习没毅力，自制力差，有兴趣就认真学，无情绪就不学，"三分钟热度"，怕吃苦无恒心，遇到困难就绕道走，制约了学习成绩。

奉劝同学们，要争得好成绩，单有好的智力是远远不够的，必须注意自制力、吃苦精神、学习毅力等非智力因素，同时注意学习方法、心理素质、思想方法等诸因素，切不可"一着不慎，满盘皆输"。

再来谈第二方面。升学成绩是各学科考试分数的总和，各学科平衡发展，总分高者为优胜。如若凭借兴趣学习；对某教师印象好，就有兴趣去学他教的学科；哪门学科好玩就乐于学那学科；喜欢的学科作业就认真做，不喜欢的学科作业就敷衍应付。这样势必形成"拉腿学科"，在升学考试中会将总成绩拉下来，因为每一学科基础分数容易得，但要争得很高分数来弥补"拉腿学科"就十分困难了。

为此，定要用科学的态度去学习，决不可单凭兴趣，要坚持各学科统筹兼顾、共同发展。

最后谈第三方面。做题的成效绝非单是知识水平决定的，而是专心程度、情绪状态、书写计算能力、答题技巧等多种因素共同起作用的结果。假如你只知下功夫做题，认为其他因素无足轻重，做题不专心、粗心大意、不用心研究答题要领，势必会做了大量习题却没有多大进步。在升学考试中为此吃亏的着实不少。例如，书写潦草而丢失一些隐形分数，因情绪紧张而审错题意，缺少应变能力答题张冠李戴等等，这些让多少考生悔恨终生。

所以在平时做题务必注重专心程度、书写能力、情绪状态、时间安排、答题技巧、应变能力诸方面，全方位提高自己。

从以上分析可以看出，要取得优秀学习成绩，进入理想的学校，就要以科学的态度学习文化知识，坚持全方位提高自身素质，争取将"每一块木板"都提高，实现最大的"容水量"。

第四节　打破自我封闭，开放发展主动思考

有一个成语叫做"作茧自缚"，原意是春蚕在成熟之后，就吐丝结成一个蚕茧把自己包裹起来，在里面变化成蛹，这是一种自然现象。

一些同学的学习中确实也存在着这种"作茧自缚"、自讨苦吃的现象。例如：不能理解新知识，有难题做不出，还懒得求教于人；学习方法本来不对头，却听不进劝告，固执己见；遇上苦恼事又束手无策，却不肯求教老师等等。这些就是封闭自己，就是作茧自缚。这些做法造成自己的苦恼、忧虑，时常背着沉重的思想包袱，严重影响学习，却不知设法解脱自己。

解脱的方法就是打破自我封闭，坚持思想观念上的开放。当今世界是一个开放的世界，任何国家在封闭中就会落后，就会受制于人。同学们也要实行思想观念上的开放，方能更好地吸取他人智慧，促进自己不断进步。

当然，我们讲开放，决不是一些不讲传统、不讲人格、不讲廉耻的开放。我们讲的开放，是打破错误观念的开放，是丢弃错误思想方法的开放，是学习先进自我革新的开放。

怎样打破封闭行为，坚持开放发展自己？

1. 知识学习方面。学习新知识要虚心听取老师和同学们的见解，对不理解的知识敢于向他人请教；对同学们提出的新见解，坚持取人之长，补己之短；通过课外书籍、报刊、影视、网络等不同途径，广泛汲取有用的知识信息。

2. 学习方法方面。从小学到高中，各阶段知识水平和思维深度

不一样，要随着年级的升高不断探索新的学习方法；平时注重学习其他同学行之有效的新方法，学习报刊资料中介绍的好经验；学习过程中不断探索好的学习方法，抛弃耗时费力、效率低的学习方法。

3. 思想方法方面。敢于抛弃自己错误的思想方法；有什么难事、愁事，敢于向老师、长辈诉说，求得他们的指点；对一些常规不便解决的学习难题、生活难题，勇于打破固有的观念，另辟蹊径寻求新方法解决；对与自己脾气、性格不同的人，能合得来，"能容德乃大，无私天地宽"；适应不同环境，在各种环境下都能心情舒畅地学习，这也是思想开放的重要方面。

扎实地掌握知识，与其说是靠多次的重复，不如说是靠理解，靠内部的诱因，靠学生的情绪状态达到的。

——赞可夫

一个能思考的人，才真是一个力量无边的人。

——巴尔扎克

20 世纪 60 年代一个真实的笑话在民间流传。有一个庄稼汉叫王丙来，十分懒得动脑筋。一天，母亲拿出自家手工纺的 3 斤棉线让他到集市上去卖。王丙来到集市后，有一个人要全部买下他的 3 斤棉线，双方讲好一元五角一斤，买者要王丙来称好棉线将钱付给他。王丙来急忙说："那不行，我给你称一斤你给我一元五角钱，一斤一斤地来，我懒得费那份脑筋。"这样 3 斤棉线称了 3 次付了 3 次钱。后来就有了一个歇后语，凡是人们不愿动脑筋的事都说：王丙来卖棉线——不费那份脑筋。

这个笑话虽然有些极端，但同学们学习中，类似这样懒得动脑筋的事是否存在着，比如：听课局限于被动接收知识，不去独立加工消化；课下做作业只求答案正确，懒得考虑做题的技巧；遇到难题不能深入思考，而是放弃不管等等。

每个同学都有争取优秀成绩的愿望，而学习成绩的优劣，在很大程度上取决于思维的性质和深度。思维的性质是指人的思维是独立的、主动的，还是被动的、消极的。思维的深度是指人的思维是深刻的、周密的，还是肤浅的、片面的。我们所讲的主动思维就是强调学习中思维的独立性、主动性。

进入中学阶段，尤其是高中阶段，知识的逻辑性、抽象性更强，课本知识必须经过一系列的独立思考、加工消化，方能真正转化为自己的知识，才能灵活运用。学习成绩优秀者与其他同学的一个主要区别，就在于他们学习中思维具有高度的主动性、能动性。

法国作家巴尔扎克说过："打开一切科学的钥匙毫无异议的是'问号'，我们大部分的伟大发现都应归功于'如何'，而生活的智慧大概就在于遇事都问个'为什么'"。

主动思维就是对所接触的事物要善于动脑思考，课本上有诸多不易被人们所注意的深层次的知识；生活中、大自然中，到处都蕴含着不易被人们察觉的知识，能否获得这些知识，关键就看是否动脑思考，是否多问几个为什么。优秀学生的长处就在于他们遇事多思考，就在于他们在学习实践中能获取比他人更多的知识，能悟出更多的道理。

佛家很注重一个"悟"字，主张大彻大悟。"悟"就是经过一番独立的能动的思考，实现领悟、觉悟、顿悟。从实践来讲，学生的悟性高低，也就是独立思维能力的高低，将直接决定其知识的深度和广度，决定成绩的优劣，体现着智慧的高低。

我们强调同学们思维的独立性、主动性，也是由教与学的关系决定的。教与学是同一过程的两个方面。老师与学生并非是同一个头脑，老师的思维不能代替学生的思维，老师的教并不能代替学生的学，老师思维能力的提高，更不能代替学生思维能力的提高。

思维能力的发展是不可代替的。同学们的思维能力提高不是单凭他人教会的，而是由同学们自身思维的实践来实现的，就好像练习武功一样，必须经过长期的训练，才会形成一定的功夫。同学们的思维能力提高，是在课堂上主动加工知识过程中，在做作业主动探求答题规律中，在难题面前深入钻研等一系列的学习实践中实现的。没有长期独立、主动思维的实践，就没有思维能力的提高。

当代世界进入知识经济时代，人的思维能力将决定个人未来的社会地位，决定他对社会所作贡献的大小。形成依赖性的、被动思维的习惯，在竞争中就会落伍，被淘汰。

古代北方边境有一老人，一天，他家的马自己跑到外地丢失了。邻居们来安慰他，老人却坦然地说："这为什么就不会成为福呢?"人们半信半疑。过了几个月，他的马带领着很多骏马回来了。邻居们很惊奇的来祝贺他，老人说："这也许会成为祸呢"。家里有很多好马，他的儿子更爱骑马了，一次骑马时从马上掉下来折断了大腿。人们又来安慰老人，老人却又说："这为什么就不能成为福呢?"隔了一年，匈奴人大规模入侵塞内，边境身强力壮的成年男子都参军抵御外敌，战死的占十之八九，他儿子因为腿瘸的缘故不能应征，得到保全。

这位老人的高明就在于他运用科学思维方法考虑问题。

思维能力体现了人智慧的高低。思维方法是否科学表现着思维能力的优劣。诺贝尔物理学奖获得者杨振宁先生说过："优秀的学生并不在于优秀的成绩，而在于优秀的思维方式。"作为中学生，科学的思维方法是提高学习成绩举足轻重的条件。

现实中，一些同学学习很努力，而成绩总是不如人意，原因之一就在于非科学的思维方法。

非科学的思维方法主要表现为思维的被动性、主观性、非逻辑性，以及形而上学的思维方法。要获得优秀学习成绩，必须改变非科学的思维方法。

坚持思维科学性，包括坚持思维的独立性、客观性、逻辑性、辩证性、创新性5个方面。

变被动性思维为独立性思维。满足于被动接受知识，就不能通过加工消化成为自己的知识。对事物的认识盲从于他人的看法，没有自己的见解。这就是思维被动性的突出表现，有人批评是"在自己的脖子上长着别人的脑袋"。

我们强调思维的独立性，就是在学习知识时必须坚持独立思考，用心分析加工、消化知识，将书本知识转化为自己的知识。通过自己的判断、辨别，明确事物的是非，自主决定其取舍。

变主观性思维为客观性思维。学习知识、认识问题以主观代替客观，以想象代替现实，以主观愿望代替事物自身规律，会造成对知识的误解、解答习题的错误、分析问题的失当，这就是思维主观性的表现。

我们强调思维的客观性，就是在知识学习中，准确把握知识的内涵和外延，不要以主观臆断代替知识本身。分析习题，要深刻理解习题的意图、条件和要求，抛弃以主观臆想代替习题本意，反对着眼于"我想答什么"，而应立足于"要我答什么"。反对认识问题以主观代替客观，以想象代替现实，实现主观与客观的具体的历史的统一。

变非逻辑性思维为逻辑性思维。思考问题时混淆概念或是曲解概念的内涵和外延；判断问题时以偏盖全、因果倒置、张冠李戴；推理前提不准，过程不严密，就是这些违背逻辑的思维方法，造成学习知识和分析问题过程中的错误。

坚持思维严密的逻辑性，准确把握概念的内涵和外延，正确运用概念进行准确判断和严密推理，反对任何随意性和不严密性。

变形而上学思维为辩证思维。学新知识轻视前后联系；满足于理解知识的表面；思考问题直线化；看事物极端化；学习态度上的急功近利；谈成绩强调外因而否认内因。这些形而上学的思维方法，阻碍了知识学习，影响了分析问题的正确性。

坚持辩证思维就是在学习新知识时从前后知识的联系中，从知识的来龙去脉去把握；加工消化知识坚持用联系的观点由浅入深、由已知到未知剖析；分析问题依据不同条件和特定要求具体问题具体分析；坚持全面地发展地认识问题；正确处理内外因的辩证关系。

变墨守成规思维为创新性思维。分析事物固守自己的思维方式；理解新知识拘泥于他人的分析讲解；解答习题坚持原有的思维模式"照猫画虎"。这种墨守成规的方法在事物发生变化时，在新情境出现时表现为手足无措。

坚持思维创新性，就是要打破思维定势，从新的方面、新的角度去发现他人未能发现的问题；在解答试题过程中，坚持不拘泥于他人的分析思路，从新的视角去分析问题；认识事物要大胆尝试，不要怕他人看来不可思议。任何新事物的产生都是对旧事物的否定。人类正是在与旧事物斗争中，在对自身的旧思维方法的否定中不断发展、不断前进的。

第五节　学会知识迁移，留心多问增长知识

你是否有这种体会：当你学会了骑自行车，你再学驾驭电动车就非常容易；你学会了数学某种解题方法，就能很轻松运用到解答同类新习题中去。这就是学习的迁移。

凡是有学习的地方就有迁移，没有迁移就没有学习，孤立的、彼此不影响的学习是不存在的。如果没有迁移，所有的学习都只能应用于特定的情境，要实现所有特定情境的学习，是根本不可能的。学习任何一门课程，都需要把过去的学习活动迁移到后来的学习活动中去，或者把一种学习活动迁移到另一种学习活动中去。任何学习的成功都离不开学习的迁移作用。

迁移是多方面的，不论是知识，还是技术、方法、能力，都可以迁移。迁移主要分为正迁移和负迁移。正迁移是指过去形成的知识、技能对学习新知识、新技能起积极作用，有助于掌握新知识、新技能。负迁移是指过去形成的知识、技能对学习新知识、新技能起消极作用，阻碍新知识、新技能的掌握。

现在的升学考试，特别重视考查运用所学知识解决实际问题的能力，考查能否举一反三、灵活运用知识，这本身就是在考查迁移能力的高低。

学习实践中，有的同学不能很好地迁移，其原因在于基本知识理解不透、掌握不准确；不善于从具体习题中找出其一般的，同类习题中共同的东西；不善于找出新旧知识之间的共同处与区别。所以，他们不能利用已有知识理解加工新知识；学习了某解题方法，不能运用到同类新习题中去，在新问题、新情境面前无能为力。特别是在升学考试中，不能随机应变，在新问题、新情境面前束手无策。

一些同学迁移能力的不足，严重制约了学习效率。重视培养迁移能力，是提高学习效率和学习成绩的必须环节。如何培养学习迁移能力，这里提出一些途径和方法：

1. 学会正确概括。要实现正确迁移，首先要学会概括，只有在具体情景中概括出同类事物共同的东西，才能运用到新情境中去。

为此，解答习题一定要注重概括一般方法和思路。

2. 实现有意义的学习。深刻理解知识是实现迁移的前提，生硬地机械地记忆知识，就不可能实现正迁移，倒是易产生负迁移。所以必须抛弃对知识不求甚解、死记硬背的做法，注重对知识的加工消化，真正理解知识。

3. 善于将知识"类化"。"类化"是指将新问题纳入到已掌握的同类知识中去，从中寻找解决问题的方法和策略。学习中对新知识进行分析，再与已有知识比较，找出新旧知识的相同点、关联点，把新知识纳入已有的知识系统中，就能使新知识类化，使知识迁移。

4. 运用联想，使旧知识再现。在学习新知识时，通过多种联想，找出事物间联系，使在某一情境中学到的知识能迁移到新情境中。比如，在学习氢气的物理性质时，回忆氧气的物理性质；学习一氧化碳的化学性质时，联想氢气和碳单质的化学性质。

5. 培养求异思维和发散思维。在迁移能力的形成过程中，既要形成知识迁移的一般性规律和方法，又要在遇到用习惯方法难以解决的问题时，能从其他角度去分析问题，形成求异思维和发散思维的能力。

学会知识迁移，是综合运用知识的良方。如果要丰富知识，解决疑惑就要不耻上问。

我们对待任何问题，都必须坚持"知之为知之，不知为不知"的老实态度。

——周恩来

没有问题就是最大的问题。

——瀚海箴言

看到这个题目同学们会说："写错了，应该是不耻下问。"其实没错。"不耻下问"是指向学问、资历比自己低的人学习而不以为耻。我这里谈的是向教师、向学问高的人请教，所以应当是"不耻上问"。

为什么谈起这个问题？学习生活中，确实有些同学没有悟出这个道理。新知识没理解懒得向老师请教，不懂就不懂，造成知识上遗漏；考试解题失误找不到问题所在，也不去请老师指导，以后仍然犯同类错误。这种耻于上问的做法确实是影响学习进步的一大障碍。

为什么会出现"耻于上问"的现象？

原因之一：问问题怕人笑话，说自己无知。这是虚荣心的表现。任何人掌握的知识都是有限的，一个人不可能什么都懂。当年中国工农红军到达陕北后，毛泽东主席向当地农民虚心请教种植庄稼的知识，以更好领导大生产运动。博学多才的一代伟人尚且如此，在校学习的中学生又当如何呢？

学问、学问，一是要学，二是要问。孔子说："三人行必有我师"，就是提醒世人，为了增长知识就要多向他人请教。向人请教又怕人说自己无知，那才真是无知的体现。不会又不肯向他人学，才是真让人笑话。

原因之二：怕他人不理睬。一般说来，老师就怕自己的学生不会也不问。老师正是希望通过学生问问题，发现教学中的不足，发现同学们学习中的问题，以便更好地改进教学。

勤学好问是人的优秀品质，但凡有学问者都喜欢勤学好问的人，都乐于将自己掌握的知识奉献给社会。"怕他人不理睬"是顾虑过多的表现。

原因之三：没有问的习惯。习惯有好有坏。有疑问而不问，这是不良习惯，这是把自己封闭起来，不会借助他人的智慧发展自己。"欲知山中事，要问打柴人。"任何人的生活、成长都离不开借助外力。三国时刘备请教诸葛亮，定下三分天下的战略，在群雄争战中成为蜀国皇帝；楚汉之争中刘邦求教张良，定下"明修栈道，暗渡陈仓"等战略，战胜项羽，成为西汉开国皇帝；贫苦农民出身的朱元璋拜刘伯温、李善长为师，战胜众多敌手，成为明朝皇帝。历代先贤都是借助他人智慧成就伟业的高人。同学们就是要"求"学，能把老师的知识学到手，这才是有本事。封闭自己是要贻误前程的。

原因之四：不知问什么？其实，知识有疑点不能理解要问，解题无思路要问，试卷不会分析要问，当然是在自己多思不得其解时才去问。为何不知道问什么，原因恐怕是学习时不深入钻研。古人讲"学，然后知不足"，就是说越深入钻研越发现问题。

问，还要自问，就是学会置疑，多问几个为什么。古人讲："置疑解疑，方为学问。"在读书中能自己提出问题，通过思考正确解决问题，就是更好的学习。

多请教他人，借助他人的经验，集他人的智慧，学到知识，得到见识，何乐而不为？

世事洞明皆学问，人情练达即文章。

——曹雪芹

17 世纪以前，内科医生为病人诊断，要用耳朵贴近病人的身体，有诸多不便。法国医师雷奈克教授一直在思考怎样解决这一问题。一次，他到街上散步，看到两个小孩分别蹲在一条长木梁两端做游戏，一个小孩敲打木梁的一端，另一个小孩则把耳朵贴在木梁另一端，静心听对方一端传来的声音。雷奈克教授思路顿开，他回医院后用硬纸卷成圆锥筒，用宽大的锥底部置于病人的胸部。倾听了一阵，他惊喜地发现，可以听到病人胸内部的声音了。

雷奈克教授经过多次试验，终于获得成功。一个新的医疗器械——听诊器在 1816 年诞生了。雷奈克教授留心身边事物，经过深入思考，发明了听诊器，为人类医疗事业做出了贡献。

人们的知识来源于实践，来源于先人对自然、社会、思维现象的观察和思考。人们只要留心观察、用心分析各种现象，就能从中获得有益的知识。

鲁国国王下令让鲁班带领工匠盖一座宫殿，限期3年完工。那时候还没有钢筋水泥，盖房子的主要材料是木头。鲁班大概算了一下，3年时间，不说盖宫殿，光是上山砍木头都很紧张。然而，"君命不可违"，国王说的话是不能更改的，这下可把鲁班愁坏了。

更让鲁班着急的是，虽然精心挑选了结实粗壮的木材，但用刀斧砍时，速度非常慢，一天下来也砍不了多少树，人却累得精疲力竭。

一天，鲁班又在山上选合适的树，手指头不小心被草划破，还流血了。他顺手摘了一片草叶，发现叶子边缘长着许多排列规则的小细齿。鲁班盯着草叶，忽然灵光闪现：有锯齿的工具一定也是锋利的。

鲁班马上把想法付诸行动，用大毛竹做了一条有许多小锯齿的竹片，在小树上一试，效果果然不错，可是毛竹一会儿就磨损了。鲁班认为可能是硬度不够，他马上下山找铁匠打了一条带有小锯齿的铁片，和徒弟上山试验，两人一来一回地拉，很快就锯倒了一棵大树，既省时又省力。

鲁班正是从有细齿的草叶割破手指这一小小细节受到启发，引发联想，才发明了能够锯倒大树的锯子。倘若他忽略了这个细节，不抓起草叶来观察一番，也不可能产生联想，更不可能由此发明锯子，说不定还会因无法按期完成任务而受到鲁国国王的处置。

还有很多意外的发现，也是有心人从生活中的细节中捕捉灵感，引发联想而产生的。

茅以升是我国著名的桥梁专家。1935年，他承担了建造钱塘江大桥的设计任务，设计方案很快就得到了批准。但动工时，打桩却遭遇了意想不到的困难。江中泥沙层很厚，用汽锤打桩，轻了打不进，重了木桩又会被打折，辛辛苦苦忙碌了一天，只打进了一根。

茅以升为此彻夜难眠。第二天，正当他苦苦思索对策时，忽然看到邻家的孩子在用铁罐浇花，细细的水流居然把花坛中的泥土冲出一个深深的窟窿。见此情景，他茅塞顿开，立刻想到了射水打桩的好办法，即把江水抽至高处，再向江底猛冲，把泥沙冲出个洞。射水打桩法解决了工程进展中的难题，保证了工程的顺利进行。

锯子和听诊器的发明、射水打桩法的发现，都来自于生活细节的启发，假如鲁班对割破手的草叶视而不见、法国医生不去听跷跷板、茅以升对邻家孩子浇水见惯不怪，故事也许是另一种结局。归根结底，还是要养成善于观察、留心生活中的细节，积极联想的好习惯，才可能抓住小细节，成就大事业。

有的同学有一种错误观念，认为只有书本的知识才是知识，只有听课、做作业才是学习。其实，实践是知识的来源，各学科的知识都是先人在长期实践中获取并写进书本的。没有人类几千年的社会实践，就没有人类的所有科学知识。认为只有书本知识才是知识的人，是只知水流，不知源泉。

考试题突出"题在书外，理在书内"的特征，就是旨在培养学生独立获取知识的能力，培养运用所学知识具体分析解决问题的能力。因此同学们要养成处处留心观察身边事物，多问几个为什么的习惯，这是学习、理解、巩固书本知识的需要，是增长知识积累生活经验的需要，是提高多方面能力，全面发展的需要。

那么，留心什么，怎样留心？

留心课外的书报杂志、影视网络。课余时间接触书报、杂志、影视、网络时，就要留意其中有益的文化知识、国内外的时事新闻、重大科技成就等有益的知识信息，这样会学到诸多书本上没有的知识，并有助于学习课本知识，有益于增加知识积累。

留心社会生活。就是留心社会的变迁、社会的事件、社会思潮、社会各种人物的行为，从中认识社会，学会为人处世，明辨美丑善恶。大文学家曹雪芹写出了文学巨著《红楼梦》，巴金写出了文学名著《家》、《春》、《秋》。这都是他们留心观察社会现象，认真研究社会变化的成果。

爱迪生的成长则得益于做过教师的母亲南希的教育。这位母亲很注意让孩子积累生活经验，总是带他去看春天的花草、秋天的果实，夏天常带他去看河边的小溪，冬天围在火炉旁给他讲故事。这些都促进了爱迪生想象力突飞猛进的发展。童年时，他对周围发生的一切事情，也总是充满着好奇心和探索、冒险精神。他5岁时有一天忽然失踪了，爸爸四处找他，最后发现他在鸡窝里蹲着。原来爱迪生看见母鸡在鸡窝里孵出了小鸡，就好奇地想自己也来试一试，看看能不能也孵出来。于是，人们把爱迪生称为异想天开的"呆子"。还有一次，他看见花园的篱笆上有一个野蜂窝。他想知道野蜂窝里都有些什么东西，就不知天高地厚地抄起一根棍子往里面捅，结果脸被野蜂蜇得像面包一样。

留心自然现象。自然界中的各种现象都有其存在和变化的规律。留心观察思考，有益于理解书本知识，并获取书本中没有的新知识。著名科学家竺可桢坚持几十年如一日，留心观察气候变化，认真分析研究，写成《中国近五千年来气候变迁的初步研究》，成为我国著名的气象学家。

当牛顿尚未出生时，父亲便已病逝，母亲生下他就改嫁走了，因此他从小无人管教，整天在野外跑着玩。在大自然中无拘无束地生活，使他能够与花草树木鱼虫飞鸟以及大自然的风雨阴晴亲近，他渐渐养成了热爱自然、面对自然中的一切爱问为什么的爱动脑筋的习惯。面对自然，他总是充满好奇。一次，牛顿发现太阳光下的人影随着时间的流逝在移动，好奇心促使他不断地观察这一现象，终于做了一个日晷，让外婆用太阳的影子来计时。还有一次风暴骤起，人们都躲进了屋子，牛顿却在大雨中跑来跑去地用苹果摆上记号，测量距离，原来这只"落汤鸡"在计算风的速度。

知识在于积累，天才出自勤奋，留心皆学问。处处留心接触到的事物，认真观察分析，多问几个为什么，将有助于书本知识的学习，增加知识积累。希望同学们养成事事留心的好习惯，为现在的学习，为将来的工作，为未来发明创造积累丰富的实践知识。

第五章 大脑与记忆

第一节 认识大脑，科学用脑

一旦科学的发展能够更深入地了解脑的构造和功能，人类将会为储存在脑内的巨大能力所震惊。人类平常只发挥了极小部分的大脑功能，如果人类能够发挥一半大脑的功能，那么就可以轻而易举地学会40种语言，背诵整部百科全书，拿到两个学位。

——伊凡·业夫里莫夫

人们爱开玩笑说："你要是长着尾巴比猴子还精。"其实人要比猴子聪明得多，这要归功于人的大脑。认识人脑有助于提高学习能力。

人脑分为大脑、中脑、小脑和脑干4个部分，由左右两个脑半球组成。我们通常所说的人脑就是指大脑。人的大脑虽然只有身体重量的1/30，但它的潜力十分惊人。有人把人脑形容为功能最强大的电脑，其实不准确。人脑的脑密度和其他各部分之间交流系统的精巧高效，远非任何计算机所能比拟。

人脑有120亿~140亿个脑细胞，1 000亿个神经元，神经元之间有两万种可能的连接。据说，一个人大脑所能记忆的信息量，与全世界图书馆的藏书（大约7．7亿册）所包含的信息量大致相同。一个人大脑的潜能相当于1 000台超级电脑拥有的能力。25年来科学家的研究发现，我们只用了大脑潜能的2%～10%，就是卓有成就的科学家也只用了大脑潜能的10%左右。

科学研究发现，人脑分为3个各不相同的、有明显分工又互相联系的脑体：爬行脑、边缘脑、皮质脑。3个脑体形成于人类进化过程中的不同时期。

爬行脑是人脑最基本的部分，它控制着与爬行动物相似的直觉行为，如呼吸、心率、饥饿、性欲等这些身体的基本功能，以及面临危险时的反击意识和反应。

边缘脑也叫"哺乳脑"，它的功能与其他大部分哺乳动物的大脑十分相似，控制着人的情感、免疫和激素系统，还有辨别方向、气味、模仿动作等能力。

皮质脑是大脑最高层，也是最外层，也叫脑皮层，这是思考的大脑。高级的大脑活动都发生在大脑这一部分，它控制着推理、语言能力和抽象思维能力这些诸多的高级功能。

3个脑体之间由特殊的细胞和结构相连接。当人心情舒畅、精神处于放松状态时，3个脑体的交流是敞开的，接收、加工信息的效率就高。如果人处于恐惧、忧虑、痛苦、焦躁、身心不安的状态，3个脑体之间的相连的枢纽就被阻塞，这时的人脑则是由爬行脑和边缘脑控制，人正常的思维就不能进行。

大脑皮层中各个区域都有着明确的分工，人的语言、直觉、逻辑推理等由不同的区域控制。皮层脑分为左右两部分，分别负责不同类型的思维。左脑负责语言和口头表达能力、数字概念和数字能力、推理和经验思维、逻辑推理和分析；右脑负责想象能力、音乐节奏和欣赏能力、艺术感、创造力。

我们的思维通常分为左脑主导型，如律师、工程师；右脑主导型，如诗人、艺术家。左脑主导型的人，并不说明他右脑天生就弱；右脑主导型的人，也不说明左脑天生就弱。这两种类型的人其实是后天人们的学习特征不同、社会实践不同而形成的。

我们大多数人是左脑主导型，是由人们惯常强调左脑思维，却贬低右脑思维所造成的，一些左撇子被视为不正常，这就压抑了右脑的发展。右脑的潜能更待发掘，右脑在创造性思维中同样发挥着重要作用。当代众多科学家，包括爱因斯坦这样的科学家，都是把逻辑思维和形象思维相结合，才做出了重大发明和发现。

人的学习与潜能的开发在大脑中有着相应的变化。

前面谈到，人脑有 120 亿~140 亿个脑细胞，1 000 亿个神经元，人与人之间并没有多大差别。人的智力水平并不是完全由神经元数是决定的，而是和神经元之间连接的数址相关。神经元和神经元之间有着 2 万种不同的连接，这叫做"轴突"和"树突"。它们都是从神经元主体中伸展出来的，较小的"轴突"的数且远远多于较大的"树突"的数目。如果说"轴突"是本地电话，那么"树突"就是用于远距离通信的光纤，它们在人脑中形成一个宏大的互联网系统。这些"轴突"和"树突"的数量及它们形成的连接，也就是脑的密度，形成了人与人之间的差别。

科学家证实，人的一生都能通过不断刺激新的"轴突"和"树突"而增加脑密度。当你通过学习新的东西来挑战自己的心智能力，超越你现有的智力区域，就会制造新的"轴突"和连接，你的智力就会上升，这种能力不会随着年龄的增长而退化。但是，一旦你不再进行新的学习，脑密度就会下降，"轴突"和连接就会减少，你的智力也会不断下降。

自从科学家发现大脑能分泌激素以后，人们对不同思维的生理原因有了进一步的认识。人无论是思考问题，还是想任何事情，大脑里会分泌出一种"激素"，它是连接身心的化学物质，大脑通过激素向全身传递指令。科学家认为，如果没有激素，人就不会有思考、行动、感觉。现在已知的激素有100多种。

人在想好的事、高兴的事时，大脑分泌出一种叫－β内啡肽的激素，如果老想悲痛的、烦恼的事，大脑会分泌出一种有毒的激素——去甲肾上腺素。－β内啡肽激素能提高体内的免疫力、防御疾病，还能引导想象力、增加记忆力。有毒的激素正好相反，它会给人带来疾病，降低免疫力。所以在学习生活中，保持积极的心态和良好的情绪，无论对于提高学习效率，还是保持身体健康都是大有益处的。

人的大脑和肢体一样，多用则灵，不用则废。

——茅以升

已故著名桥梁专家茅以升一口气能把圆周率小数点以后100多位数背诵出来。别人问他怎么有这么好的记忆力，茅以升说："按人的记忆规律需要重复10次才能记住，我不过是多重复了几次罢了。"茅以升、钱学森等科学巨匠，都是科学用脑、发挥大脑潜能的楷模。

怎样学会科学用脑，有效发挥大脑的潜能，实现高效率学习的目的？这里提出一些原则，供大家参考。

劳逸结合原则。大脑长时间工作会疲劳，大脑疲劳思维效率就差。要消除疲劳就要坚持劳逸结合，通过适当的体力活动消除大脑的疲劳。学习劳累了，可以通过做家务劳动、体育锻炼等方法来恢复脑力。一些人用兴奋大脑的方法强迫大脑继续工作，那会加强大脑的疲劳，加重脑细胞损伤，十分有害。

交叉轮作原则。长期做一种脑力活动，就会形成大脑疲劳。当学习对象发生转换时，大脑皮层的兴奋区和抑制区也随之转换，多种活动互相轮换，可以使大脑皮层各个区域得到轮流休息。良好的休息是健脑之道，真正的休息在于人的行为的不断改变。马克思从事社会科学研究工作，当他感到疲劳时，他以解数学题的方法来休息大脑。

专心致志原则。当你专心于某一方面学习时，会引起大脑皮层相关工作区神经元的兴奋。此时，这个工作区就在整个大脑皮层中占了优势，形成优势兴奋灶，同时其他工作区的神经元呈现抑制状态，使思维敏捷、深刻，大大提高了学习效率。

心平气和原则。大脑的思维和人的心情、情绪密切相关，当人信心十足、心情舒畅、精神专注时，大脑就会反应敏捷，思维灵活，思路畅通。反之，当人处于苦恼、疲劳、高度紧张状态时，大脑皮层负责思维的区域就会受到不同程度的抑制，就会干扰人的正常思维。所以，调整好自己的心情和情绪，保持心平气和的状态，是高效思维的重要条件。

自我激励原则。心理学研究表明，在智力、能力同等的情况下，自我效能感较高、自信心强的人，取得的成绩会更好些。人的意志力建立起来的自信心具有一种超乎寻常的能量。精神因素对大脑的功能和效率影响是甚大的，精神动力会使大脑高效工作，帮助人完成各种工作，尤其是困难的、复杂的工作。

营养大脑原则。除去科学运用大脑外，保证大脑的营养也是科学用脑的重要方面。从营养上讲大脑需要鸡蛋、鱼、核桃、新鲜水果、蔬菜、植物油，这些是大脑的合理"食谱"。

呼吸新鲜空气，适量的体力劳动或室外活动，也是保持大脑健康，保证高效学习的因素。

独立思维原则。不依赖于他人，独立思考问题，是获取知识、领悟真理的必要前提。独立思维就是主动、能动地探讨和思考问题，深刻理解知识，发现新东西。独立思维还要不断保持对大脑新的刺激，刺激是作用于大脑的一种力量，不断的良性刺激能激发人脑的思维与创造力，人脑越接受刺激会越灵活。

第二节　认识记忆，理解记忆

人，如果没有记忆力就无法发明、创造和联想。

——伏尔泰

记忆的差异取决于脑力活动的性质。

——赞可夫

1. 记忆是什么

记忆是学习的重要环节。一个同学记忆知识的多少，对于学习成绩起着举足轻重的作用。

历史上有许多名人都有很好的记忆力。拿破仑就具有超人的记忆力。他把法国海岸大炮的种类和位置记得非常清楚，甚至还纠正手下的报告书，使得手下大吃一惊。他还记得邮递的路线和距离，并将它们写下来交给邮政大臣。列夫·托尔斯泰精通德语、法语、英语，能随意翻译意大利语，通晓古希腊语、拉丁语和希伯来语，还懂得波兰语、乌克兰语等。

什么是记忆力？记忆就是由一个感官上或情感上的刺激开始，

通过不断的重复强化这种刺激，在大脑神经中留下的印记。

"记忆是智慧之母"——古希腊大悲剧诗人阿斯基洛斯的这句名言一直流传至今。记忆是一种人们能实实在在感受到的生理和心理现象，它究竟是什么呢？

记忆是过去的经验在大脑中的反映，亦可视作是经验的保持，有时在保持中还经历了一个积极的创造性的心理过程，包括识记——保持——认知（再认）或回忆这 3 个依序发展又密不可分的环节，是"整个心理活动的基本条件"。

其中识记和保持属于"记"的方面，再认或认知属于"忆"的方面。识记是识别和记住事物的特征与联系，是大脑皮层形成的相应的暂时神经联系；保持是暂时联系的痕迹在脑中保留，表现为巩固已获得知识经验的过程；再认或回忆是在不同条件下暂时联系的再活跃。

从生物学角度讲，记忆是整个中枢神经系统的一种特殊功能，其本质是一种生物化学过程，即脑生理活动的过程，因此也可以把记忆看成人脑接纳、贮存、提取事物讯息的心理和生理协同合作的综合过程。

感觉器官是人们获得记忆的首要物质基础。先天的盲人没有对自然万物视觉形象与颜色的印象，不会产生对它们的记忆；先天的聋人也没有对音乐、言语、声音的记忆。

2. 记忆 ≠ 记忆力

记忆与记忆力虽密不可分，但不能直接画等号。

记忆是一种智力活动，表现为一种经过或过程，是一种动态的呈现。而记忆力是人们在记忆活动中表现出来的一种特殊的能力，即人们记住事物的形象或事情的经过的能力，实际上包括了对各种信息材料的识别、分析、加工、抽象、比较、概括、储存、再现等各种综合能力。

记忆力是智力的重要组成部分，它在记忆活动中的作用和地位是不可取代的。当然，在其他如观察、想象、思维、创造等各种智力活动中，记忆力也发挥了重要的作用。

3. 记忆的分类

（1）按记忆时启动的主要人体感官划分：

视觉记忆，听觉记忆，嗅觉记忆，味觉记忆，触觉记忆，平衡觉记忆，

视听觉结合记忆，视听触觉结合记忆，多种感觉器官结合记忆。

（2）按记忆的材料在脑中保持的时间划分：

瞬时记忆

又称感觉记忆，保持时间不超过1秒钟，转瞬即逝、须臾即忘，人们往往感觉不到。大脑对此类信（讯）息不作加工和重复，形成的痕迹是表浅而活动的，一秒钟以后就消失，遗忘后不能恢复。

短时记忆

也叫操作记忆，保持时间大于1秒但不超过1～2分钟，常和一定的操作动作相联系，操作结束，准确的记忆内容也就消失。边记边忘的短时记忆是一种正常现象，能减轻大脑的记忆负担。

长时记忆

保持时间大于一两分钟，能保持较长时间，有的可终生不忘。大脑对此类信（讯）息进行了储存前的主动、积极加工，形成的痕迹大都是结构的、深刻的、牢固的，保持时间较长，遗忘后大都能回想起来。

同一内容经过反复记忆，可以延长记忆时间，把短时记忆转化

为长时记忆。动物实验结果表明，记忆痕迹在受试老鼠的脑中至少要持续 90 秒钟，短时记忆才会转变而巩固为长时记忆。对人类则只需四五秒钟左右。

（3）按记忆材料的大脑半球划分：

左半球记忆：负责记忆逻辑信息、语言信息

右半球记忆：负责记忆形象信息、艺术信息

此外，人们还从心理特征方面将记忆划分为情绪（感）记忆和非情绪（感）记忆；按照生理特征将记忆划分为运动（动作）记忆和非运动（动作）记忆等。

4．记忆的特点和表现

（1）记忆的特点

①易变性。随着时间的推移，每个人对知识、经验、事件、物品等的记忆并不是原封不动的。其中的一些内容、形式或形象潜移默化地发生着改变；一些原有经验在新经验的不断积累中不断丰富、完善和更新。

②不可见性。记忆是不可见与非直观的。只要人们不将记在脑中的内容转录为说、写或以其他方式复制出来，别人就无法得到它。

③不完全可靠性。记忆的易变性产生了回忆时的不完全可靠性。回忆起来的知识、经验、事件、物品的形象等，不能确保是首次识记时的原型，随着时间的顺延，其中的一些可能更完备；可能出现残缺；可能走形或变样；亦可能整体或局部扩大或缩小。

④瞬捷性。据研究，在 50 毫秒至半秒钟的时间里，人脑可以记住 4 个不同的数据。正常人的大脑可在一眨眼之间记住感兴趣的知识、经验、事件等。

人们所记住的内容，取用时也具有瞬捷性。人们还能于瞬间去比照记住的信息，如此事与彼事、过去和现在等。

⑤无穷性。每个正常人的记忆潜力都奇大无穷。达尼尔·达宁形象地描述说："我们的记忆力活像套娃（一种农妇装束的玩偶，一般以木质制作，最外边的一个个头最大），卸下一个，里头还有一个。"

（2）优秀记忆力的表现

①敏捷。与速度相关，也就是"记得快"，记忆敏捷能节约时间、提高效率，掌握更多的知识。

②持久。与牢固度相关，也就是"记得牢"，记忆持久、长期不忘，能提高记忆的效益。

③正确。就是"记得准"，记忆如果不准确，其他的记忆品质就无从谈起。

④准备。即"想得快"，是一个极其重要的记忆品质。解决问题时能够迅速准确地提取相关信息，能提高记忆的实效性。

记忆的规律普通人只用了实际记忆功能的10%，其余的90%都被浪费了，其原因在于他违反了记忆的自然法则。

——戴尔·卡耐基

记忆知识是同学们学习的基本功。这里提出一些记忆的规律，希望能助同学们一臂之力：

时间律：研究表明，每次信息的重复输入，其维持记忆的时间是不相同的。以外语单词的记忆为例，第一次可能几秒钟，第二次、第三次就可能由几分钟到几小时，再重复就能几天，甚至几个月。重复次数越多，记忆时间就越长。按照遗忘曲线，识记以后最初几小时遗忘比较快，以后就逐渐缓慢，最后有一部分很难忘掉。

数量律：需要记忆的材料数量偏大，就会给你的记忆带来困难。

这种情况下，你应当把记忆的材料适当分成若干个小单元，再依次记忆，记忆的效果就会好些。也可以将数量大不易识记的材料，通过压缩的方法，抓住其关键的内容，待运用时通过联想将全部内容还原出来。

转化律：记忆是一个不断巩固的过程。由瞬时记忆到短时记忆再到长时记忆，有一个转化过程。这是一个由量变到质变的过程，是通过对材料的深入加工和多次重复记忆实现的，质变之后外来信息就会长期、牢固地保存在脑海中。

联系律：认知的循序渐进规律，揭示了新旧知识之间的联系：任何新知识的获得都是原有知识的发展、衍生或转化而来的。因此记忆新信息时，通过和原有知识的各种形式的联想（接近联想、类似联想、对比联想、因果联想等），形成新旧知识之间有机联系的系统，有利于知识的储存。

强化律：强烈、新鲜的刺激能激起兴趣，使人感受深刻。感受越突出，记忆越强化。因此最好通过联想、想象的方法，将抽象的文字、数字想象为某种具体生动的事物、画面，或联想为合辙押韵的顺口溜、有情节的故事，这样将有效加强记忆。

紧迫律：自身惰性干扰、情绪波动干扰和环境干扰都会影响记忆效果。当你具有一种记忆的紧迫感时，大脑潜在的记忆能力就会冲破这些干扰发挥出来，记忆的效率常常是平常的两倍，甚至三四倍。

干涉律：当一个新的信息输入后，它与原有的知识会产生相互干扰。一是前后信息互相加强，称为"正干涉"；二是前后信息互相干扰，称为"负干涉"。正干涉有利于记忆，负干涉则对记忆起抑制作用。而正、负干扰的关键在于原有知识掌握得是否准确，以及与新知识之间的区别联系是否明确。

第三节　影响大脑，众多因素

人的记忆受到众多因素的影响，以下是主要的因素：

1. 背景。指在识记知识时的环境刺激。例如，识记知识时自己的心情、室内温度、周围的环境以及室内的其他声音（音乐或是噪声）都影响记忆效果。实验研究表明，在原来教室的回忆水平高于在其他地方的回忆水平；优美的音乐有益于促进记忆效果，而噪声则妨碍记忆效果。

2. 学习动机。生活中有些人们极为熟悉的事物，但事实上人们却未必对其有非常清楚的记忆。天天上下的楼梯，谁能记得有多少台阶呢，因为人们没有记忆的动机。动机是记忆的原动力，动机越强，记忆力就越强。所以具备记忆的欲望并且具有主动性，记忆的效率就明显高于被动记忆。

3. 加工深度。前苏联教育家苏霍姆林斯基说："记忆没有理解的规则，会导致肤浅的知识，而肤浅的知识是不能保持在记忆里的。"对记忆内容应通过各种方式进行深入加工：理解语言关系，赋予一定的意义，将记忆内容赋予一种有层次的组织，将记忆内容变为押韵的方式，都有益于提高记忆效率。

4. 时间条件。科学研究表明，人们记忆材料在几小时内遗忘的速度最快，如果不重复加深记忆，随着时间的推移，记忆的材料就逐步遗忘。为此，学习知识后必须及时复习，如果知识在大脑中打下很深的印记，甚至能够记忆一生。

5. 情感。如果你对某事投入过感情，例如得到某种大奖，经努力考入重点高中，他人在你最困难时对你帮助，你最好的朋友远离，因为这些倾注了你的感情，而情感投入越强烈，记忆就越深刻，就算是想忘记也不容易。

6. 压力影响记忆。严重的情绪危机和压力会对记忆力造成影响。压力分为两种：一种是情绪压力，情绪可以是正面的愉快的，也可能是负面的，如恐惧或愤怒。一个人有良好的自制能力，情绪就会被压抑。另一种是生理压力，主要源于身体某方面的功能超负荷，如浮肿、暴饮暴食、过度工作等。

适度的压力可以促进记忆力的发展。轻微的压力比没有压力更能帮助人们发挥潜能。

7. 睡眠与记忆力的关系。拥有充分的睡眠、保持清醒的状态和睡眠的自然周期，才是最可靠的能长久促进记忆力发展的好办法。

睡眠可以解除大脑疲劳，同时制造大脑需要的含氧化合物，为觉醒后的思维和记忆做好充分的准备。适度睡眠为记忆和创造提供了物质准备，尤其是快速眼动睡眠阶段，对促进记忆巩固起着积极的作用。

熬夜和过度睡眠则会损害记忆力。

8. 不良嗜好影响记忆力。适量的酒精可以帮助人们消除疲劳，使身体活性化。但酒精对记忆却有百害而无一利，酒精对脑细胞的麻痹作用很可能导致暂时性记忆丧失。

研究表明，吸烟会加速记忆力丧失。人到中年还有吸烟习惯，记忆力受损更加明显。最新研究显示，烟瘾大的人，即一天抽15根香烟以上的烟民，长久记忆与日常记忆都比常人差。

9. 健康营养提高记忆力。据美国《洛杉矶时报》报道，适当食用包含天然神经化学的物质可以增强智力，也许还能防止大脑老化。这些有助记忆的食物包括水果和蔬菜、脂肪含量高的鱼类、糖、B族维生素等。

营养保健专家也发现，一些日常生活中常见的食品对大脑十分有益，如：坚果、全麦面包、豆腐、南瓜、蛋黄、葡萄柚、深海鱼以及肝脏和肉类等。长期从事脑力劳动的人和学生不妨经常选用。

第四节　提高记忆，不可忽视

古希腊神话中，有一位名叫摩尼西尼的"记忆女神"，身边有9位漂亮的女儿，专司文艺与科学——古希腊人把"记忆"当作"文艺与科学之母"来看待。"记忆是智慧之母"——从公元前5世纪开始，希腊大悲剧诗人阿斯基洛斯的这一话语就被作为至理名言流传。不了解记忆机理的远古人类把记忆看成智慧的母亲，认为记忆可以生发出无数美妙而高贵的事物。

古今中外许多名人都致力于记忆的研究，留下了启发后人的感悟，如中国张载的"不记则思不起"等。现代，有更多对记忆重要性的感悟广为流传。

一切智慧的根源都在于记忆。

——谢切诺夫

一切知识的获得都是记忆，记忆是一切智力活动的基础。

——培根

假如没有记忆，我们便会成为转瞬即逝之物。从将来看过去，所看到的便会是一片死寂而已。而所谓现在，随着它一分一秒地流逝，也会一去不复返地消失在过去之中。基于过去所产生的知识和技能都不可能存在，就连我们一生中实际上持续不断地进行的，并且使我们变成了今天这个样子的学习活动也不可能存在。

——鲁宾斯坦

千百年来，人类依靠记忆积累经验，凭借记忆得到的能力征服大自然，到达理想的彼岸。没有记忆力，人就如同行尸走肉。过去和现在所接受的贮存于脑中的一切信息，随着时间一分一秒地流逝，都将一去不复返地消失在过去之中，智力和技能亦将荡然无存。

1. 记忆力：让他们成为杰出人物

古往今来，很多杰出人物都是头脑清晰、记忆力超群的人：

王粲，建安七子之一，遇碑文，吟诵一遍，即可不忘；

拿破仑，于15年后在制定法典的会议上能随口引证19岁时在禁闭室内看的罗马法典；

前苏联的尤里·亚历山德罗维奇，只要扫视一眼，就能说出人们用粉笔画在黑板上的杂乱无章的大小不等的、有的甚至相互交切的近百个圆圈的准确数目。他被带到陌生城市里去应试，每到一个地方，只要在街上走一次，就能对那里的交通线路、十字路口的情况以及各家大型商店、剧院、酒楼的名称与地址了如指掌。他只要2小时的记忆时间，就可以快捷地背诵一本有1 000多家用户的电话簿中每家每户的称谓、号码等；

达芬奇，在十几岁时到一所寺院里游玩，目光被一幅壁画吸引住了。回到家中，他毫不费力地把看到的壁画默画了下来，物象比例和细节点缀宛如原作，连色彩明暗差别都再现得十分逼真；

被称作"音乐神童"的莫扎特，有一次在西斯汀教堂里，只听了一遍就把神秘不外传的大合唱（是相当复杂的变调音乐，包括4

个声部的重唱和 5 个声部的合唱）默记在心；

唐朝的王维，有一次在洛阳城里看到一幅《按乐图》，画的是一个乐队在演奏。他仔细观察了一阵子，然后微笑着对旁人说："这幅画描绘的，恰好是《霓裳羽衣曲》演奏到第三叠第一拍。"大家听了以后既诧异又不相信，都说："你怎么知道？是骗我们的吧？"于是王维请来了一队乐工，叫乐工们演奏《霓裳羽衣曲》。当乐工们演奏到第三叠第一拍时，乐工们的手指、嘴唇在乐器上的位置以及动作和姿势，刚好跟画上描绘的一模一样。大家都信服了。

19 世纪法国的小说家左拉，对各式的花朵及食品，都能一嗅而正确地分辨出他们的香味来；毛泽东能背诵几百首唐诗和许多篇韩愈的散文；

周恩来，对见过一面的人，许多年后还能认出并叫出对方名字。

2. 记忆力：促人进步的根基

记忆是从感性认识发展到理性认识的桥梁，亦是人借以认识周围世界的一种积极的、有目的性的过程。

我们说一个人聪明，常常和他的记忆力分不开。一个人的记忆力不好，他的学习和生活就会被局限，不认人、不识物、不懂事。一个记忆力差的人，知识贫乏、头脑空空，能指望他去搞创造吗？要创造，首先需要知识，需要把记忆的知识融会贯通，否则，不可能产生灵感，产生发明创造。

有了好的记忆力，人们才能很好地保存过去的反映，使当前反映在以前反映的基础上进行，从而使人能积累和扩大、完善或修正原有的经验，使其对行动更具指导价值；有了好的记忆，先后经验才能联系起来，使一个人的心理活动成为一个发展的统一的过程。

好的记忆力对于青少年来说尤其重要。青少年需要依靠记忆来吸取知识和运用知识，没有对学过的知识的积累，就很难学懂新的知识。青少年所学的知识是系统的、逐步渐进的，如果没有对前面学过的知识的记忆和理解，要理解新知识是非常困难的。

人的大脑是一个很难装满的知识仓库，大多数人的记忆力并未得到充分发挥，只要认真培养和训练，充分发掘自己的记忆潜力，记忆力的提高指日可待。

第五节　掌握规律，谨记方法

发现规律是驾驭规律的前提。宇宙间的一切事物都遵循一定的规律而运动，记忆同生命一样，本质上是不稳定的，其变化难以捉摸，但也遵循着一定的规律。

1. 每个人的记忆素质都与众不同

调查结果表明，记忆能人极其罕见——不超过千分之几，记忆中常者占绝大多数，记忆低劣者同样罕见——不超过千分之几。

每个人的记忆素质中有强项也有弱项。

有的人的强项是视觉记忆，如唐朝的吴道子应唐明皇之诏考察四川嘉陵江的景致，回京复旨时，唐明皇要看他的画稿，他说："我没有勾画稿子，都记在心里了。"仅用一天时间就把嘉陵江300余里的风景活现在画稿上了。

有的人的强项是听觉记忆，如唐太宗有一次让宫女罗黑黑隔帷偷听一位西域琵琶名手演奏名曲，随即让她复弹，她竟能演奏得分毫不差，使得那琵琶名手大为震惊。

有的人移动身体会记忆得更好些，动觉记忆就是他的强项。

2. 最佳记忆时间因人而异

人的一生中，记忆最佳年龄通常在青年时代。如果以18～至29岁的记忆力为100，那么，10～17岁为95，29～39岁为92，40～69岁为83，70～89岁则降至55。

一年中，春秋两季是记忆的最佳季节。春秋的凉爽气候比盛夏的酷热更有利于激发人们的记忆力。春天是人类思维记忆最理想的季节。

一天中的最佳记忆时间因人而异，主要有：

百灵鸟型：白天，脑细胞进入高度兴奋状态，记忆效率在某一时间段特别高。如诗人艾青的最佳写作时间是上午8～9点钟。

猫头鹰型：习惯于夜战，一到夜间，脑细胞就进入高度兴奋状态，记忆效率在某一时间段特别高。如法国作家福楼拜有挑灯写作彻夜不眠的习惯，以致通夜亮着的灯光竟然成了塞纳河上的航标。

亦此亦彼型：在起床后和（或）临睡前的一段时间记忆效率最高，思维也最敏捷。美国小说家司格特说过，觉醒和起床之间的半小时是非常有助于他发挥创造性的工作的黄金时刻。

混合型：兼有百灵鸟型和猫头鹰型的最佳记忆时间段。经过一夜睡眠，大脑疲劳的细胞得到充分的休息，对事物的反应、联想都很敏捷，思维能力转强；夜间安静，注意力易于集中，思维迅捷。

3. "记"在"忆"先，"认知"容易"回忆"难

一个孤立的记忆活动是按照识记—保持—认知或回忆的程序进行的。"记"是认知或回忆的先决条件。没有对知识与经验的识记，认知或回忆就不会发生。

虽然认知和回忆都是首次识记的知识、经验或物品等于脑中保持一段时间后结构痕迹的重新活跃，却存在着"认知"容易"回忆"难的规律——凡能回忆起来的都能准确无误地认知，而能认知的却不一定能准确无误地全部回忆起来。经验也表明，人们能够回忆起来的信息远不如认知的多。

4. 识记后保持的时间有短有长

知识、经验、事件、物品等被人的感觉器官接收并转录为信（讯）息输入大脑后，根据记忆时间的长短，记忆可以分为瞬时记忆、短时记忆和长时记忆3种。

5. 记忆的信息按规律遗忘

（1）遗忘"先快后慢"

德国心理学家艾宾浩斯通过为期一个月的自身实验（采用机械记忆法，熟记13个由两个辅音与一个元音构成的无意义音节，用节省法计算出不同时间间隔的遗忘率），首次发现了遗忘先快后慢的规律，还将其转录为遗忘曲线，于1885年公布于世。

（2）中间比两头容易遗忘

学者们将在记忆过程中，有些后识记的信息对先识记信息的重复认知和回忆起的干扰作用，称作后摄抑制或向前干扰；有些先识记的信息对后识记信息的重复认知和回忆起的干扰作用，称作前摄抑制或顺向抑制或向后干扰。

（3）其他规律

印象浅的比印象深刻的容易遗忘；无意义材料比有意义材料容易遗忘；无兴趣的比有兴趣的容易遗忘；不理解的比理解的容易遗忘；陌生的比熟悉的容易遗忘；不急需的比急需的容易遗忘；单器官接收的比多器官接收的容易遗忘；没有联想的比加入联想的容易

遗忘；无长远记忆动机的比有长远记忆动机的容易遗忘……

6. 记忆的信息靠感觉器官输入脑中

不同类型的信息通过不同的感觉器官输入大脑，如文字、图像信息主要通过视觉，音乐、语言、声响信息通过视觉，空气中的气味主要通过嗅觉，食物的酸甜苦辣等主要通过味觉，物品的光滑程度和冷热软硬等信息主要通过触觉。有的信息，也可被两个或几个感觉器官所接收，双重或多重输入大脑。

大脑对不同感觉器官输入的信息有不同的吸收率。通常情况下，大脑对视觉输入的信息吸收率最高，可达83%；对听觉输入信息的吸收率次之，为11%；再次是嗅觉，可达35%；对触觉和味觉输入信息的吸收率最低，依序为15%和1%。

7. 记忆有潜力可挖

人的记忆力要比自己想象的好得多。多数人的单向发展，并非天生无能，而是大脑的一个半球没有像另一个半球那样有机会得到锻炼而发展。几千年来教育的主流是读、写、算，这使得受教育者的大脑右半球的锻炼显见不足，即近乎大脑记忆潜能的一半大都未被开发利用。

在过去、现在和将来的相当长久的时间里，人脑一生贮存的信息总量远不及大脑容量。大脑犹如一望无垠的照相底片，等待着信息之光闪现；如同浩瀚的汪洋，接纳川流不息的记忆之"水"，而永无"水"满之患。

提高记忆力的具体方法：

"良好的方法能使我们更好地发挥天赋的才能，而拙劣的方法则可能阻碍才能的发挥。"不管做什么事情，都需要选择和创造合适的方法，提高记忆力亦如是。

1. 择优定向——发挥己长记忆法

爱因斯坦在中学期间就感悟到自己的大脑左半球超常发达，所以进入当时还是粗放式教学的大学学习时，为了让自己的特长得到充分发挥，就果断地刷掉了对特长发挥无助的很多课程，集中主要精力去学记能发挥己长的那些课程。结果于窄化了的领域中获得了比其他同学要多得多和精深得多的专业知识。毕业后，他在窄化了的物理学领域内拼搏奋进，终于创立了相对论，成为被世人赞誉的科学巨匠。

相传，"浪里白条"张顺在陆上与"黑旋风"李逵交手被打倒在地之后，就很懂得利用自己水中之长弥补陆上之短，把李逵引下水而胜之。试想，如果张顺不发挥己长，老是在陆上同李逵打，不管打到何时，仍然免不了失败的结局；如果让擅长记忆数学的陈景润去学烹调或缝纫衣服，让擅长逻辑记忆的爱因斯坦去记忆非逻辑信息至终生，让善于听觉记忆的罗黑黑和罗马盲诗人荷马去记忆视觉信息……总之，让有特长的人舍弃己长，会产生怎样的后果？

"跛足而不迷路能赶过虽健步如飞但误入歧途的人。"不知道择优定向发挥己长的人，不管是多么勤奋、多么认真，也只能算是记忆路上的盲人。一位患有自闭症并被人视作轻度弱智而就职于庇护工厂的青年，对日子有着超出常人的记忆能力。如果拿日历考他，他会"例无虚发、百发百中"。原来，这位青年六七岁时，这种独特的才能就已经被他的亲人所发现。

这位善于记日子的青年并非弱智，而是一位具有记忆天才的人。遗憾的是，他自六七岁起就错用了这种超常的记忆才能，去记忆不能转化为生产力的日子。假设他的亲人在发现他的记忆才能后，将他送去相关部门进行定向培养，让他在自闭的环境中去记忆必须记住的中外高精尖知识信息与实践经验，并找出其间的联系，那么，他很可能已经成为科技界不可多得的精英了。事实却并非如此。

认识自己是择优定向的先决条件。认识自己的记忆特长越早，越能抓住提高记忆力的先机。不然的话，就会像"盲人摸象"一样，所择的"优"很可能是非优甚或为劣。

脑力无所侧重的情况下取得的考试成绩，可以作为检验特长的一个参考依据，如某科的成绩显优于其他各科，就可定向于某科，并在此领域里作长足的发展，如深造、择业、创作发明、灵巧快速地化解热点等。

在恒定的时间内用各种感觉器官去记忆难度相同、数量相等的两组材料，而后进行记忆效果的感悟，如果发现运用视觉去接收这一材料的记忆效果凸显的话，那么，视觉记忆就是你的"己长"。相对地说，你的"优"也就在这里。

在认识自己的记忆素质之后，就要让自己的记忆特长在学记实践中充分地发挥作用。人的寿命在岁月无情的增长中一点点减少，而人生的价值却在择优定向的过程中不断得到深化和积累。

2. 唤起兴趣记忆法

科学巨匠爱因斯坦同时也是一位小提琴演奏爱好者，他说："我渴望着把异常优美的乐曲表达出来，就逼着自己提高演奏技巧，对于那些枯燥无味的乐谱也就容易记住了。"

马克思在"关于人类的事物，我都要知道"的广泛兴趣的基础上，卓有成效地识记了人类历史并洞察出了发展规律，还发现了现代资本主义生产方式和资产阶级社会的特殊演变规律，为人类发展做出了不可磨灭的贡献。

以《物种起源》闻名于世的生物学家达尔文也曾说过这样的话：

"我有强烈而多样的兴趣，沉溺于自己感兴趣的东西，深深地陶醉于了解任何复杂的问题和事物。"

发现粒子而荣获诺贝尔物理学奖的丁肇中这样说："因为我有兴趣，我急于要探索物质世界的秘密。"

哈佛大学的校长惹起记忆名字的志趣根由仅仅是因为一次曾在大众面前忘了同事的名字而大出洋相的经历。为了不再出洋相，他激发起了记住同事名字和学生名字的志趣，通过不懈的努力取得了成功，能记住教职员及每年在校学习的学生名字。

兴趣是最好的老师。怎样唤醒我们常常忽略的"兴趣"？

志趣比有趣和乐趣能更好地转化为记忆的动力。有趣常常"稍纵即逝，一笑了之"；乐趣又总有些"乘兴而来，兴尽而返"，靠客观事物的趣味性诱发出来；而志趣则是兴趣的最高级形态，带有持久的目的性和方向性，常常能使人如痴如醉、废寝忘食。

上海有一位话务员，将记忆电话号码与"宁肯自己苦十分，也要让用户方便一分"的信念挂靠在一起，为了满足用户准而快的需要，对背记电话号码产生了志趣。这位话务员进行了卓有成效的实践，乐于用 12 个小时千方百计将 3 000 多个传呼中的电话号码循环背诵一遍，然后适时地采用适合于自己的方法重复背记，终于达到了对答如流的境界。巧妙联想与想象能让记忆对象有趣起来。如果预先知晓有关"鸡尾酒"的故事，那么，牢记单词"Cocktail——鸡尾酒"将不费吹灰之力：

相传在很久以前，美国纽约州一有名酒店老板的独生女儿爱上一位在船上作业的年轻小伙子。一天，为了让心爱的小伙子能在拜见反对这门亲事的父亲时心态稳定下来并赢得父亲的欢心，姑娘特地为他调制了一杯含有酒精成分的混合饮料。正在此时，酒店老板喜爱的斗鸡——Cock 突然飞舞起来，尾上散落的羽毛正好扎进盛混合饮料的酒杯里，姑娘急中生智地顺势用鸡尾搅起来，并脱口而出："鸡尾酒"。父亲见此情景，很高兴地举杯与小伙子畅饮起来。

形象有趣的故事通常能让人们引发兴趣，获得更加深刻的记忆效果。

在刚果东北部，人们如果求索未知，就会走进"掌书店"（没有"有字书"的书店），当地公认为有才学的一批人就会走到求索者的面前，只要求索者说明求索的内容，就会有精通这项内容的主营者拉起求索者的手，用一种紫蓝色的草汁在求索者的手掌上写出所求索的内容，就算是书了。据说，最长的"书"可以从两个手掌写到双臂。用完这种"书"后，还可以到"掌书店"用退色剂抹掉，就好像人们听完一盘录音后将其在录音机上刷掉一样。很多书籍采用图文并茂的方式来吸引读者的眼球。美国医学界出版了一些有立体感插页的解剖学书籍，插页玲珑浮凸，破纸而出，非常显眼，读者印象极深。四川少儿出版社出版过一本彩色画册——《七十二变》，虽然只有14页，每页只画了《西游记》中孙悟空变的一个人物形象，乍看起来非常简单。但是一旦翻动，就有新动作、新姿势、新服饰的人物像层出不穷，屡变不重，竟然可以变出图案多达 2 744 个！读者当然百看不厌。松下电器公司曾研制出一种连接在普通电视机上的电子附加器，它能使电视机的荧光屏上映出画面，还可以用来画图，并且把画好的一幅幅图画储存起来，需要时可以随时放映，成为一种奇特的电子画册。

只要是能惹起记忆兴趣的物品或符号，都能记牢并保持长久，婴幼少儿也不例外。中国艺术大师愈振飞在 3 岁丧母后，不管是怎样哭闹，只要父亲一哼着昆曲，就安静下来，听着听着也就睡着了。

有一天，父亲发现他能很熟练地唱着这首昆曲，很是惊讶，不知道是谁教的。实际上，这位教唱的老师就是他自己！恰应了张载之言："勿谓小儿无记性，所历事皆能不忘。"

3. 集中注意力记忆法

牛顿家里养了两只猫，经常抓门，打扰他的思维。于是牛顿不假思索地吩咐仆人在门上挖两个洞——大洞让大猫走，小洞让小猫走。仆人问："先生，大猫走得过的洞，小猫也可以走，何必挖两个洞？"牛顿竟然由于注意力专注于所从事的研究而忽视了对简单常识的注意。

一天，一位朋友来看望牛顿，约好了一起进餐，饭菜已经摆在桌子上，牛顿却没有从书房出来。这位朋友早已经习惯了牛顿的怪作风——工作告一段落后才能出来，就独自一人吃了起来。他吃完了那盘烤鸡，就和牛顿开了个玩笑，把所有的鸡骨头都放回盘子里，把盖子盖上就离开了牛顿的家。几个小时之后，牛顿在从书房里出来，感觉到饿了，于是揭开盘盖，当他看到盘子里的鸡骨头时，自言自语道："我还以为没吃呢，又弄错了！"说完他又回到书房进行思考和工作。

拉瓦锡在集中注意力解一道感兴趣的数学题，后来忽然发现自己把数学题写在了一辆出租马车的后壁上，他徒步跟着马车——马车走到哪里他就跟到哪里，手里还拿着粉笔。在这之前，他丝毫未意识到自己已经下楼并且来到了马路上，还跟上了这辆马车，并且将其后壁当作黑板使用。

查理·狄更斯能够让自己把全部注意力集中在当时所创作的一个情节上，然后再把它转移到接踵而至的下一个情节上去。好像是一个控制大探照灯的人，把灯光对准一个物体，等把这个物体研究透了，再把它转移到另一个物体上去。希腊文学家艾斯·强森说："真正的记忆术就是注意术。"集中注意力，能使大脑最敏捷、最准确、最清晰地记忆被注意的知识与经验。

有一位经验丰富的心理学家听说某著名的心算家能准确快速地心算出不管是专家还是观众出的任何复杂刁钻的算题后，为了难倒他，这位心理学家兴致勃勃地前往心算家的住处，出了下面的一道算题，将他难倒了："有一辆满载旅客的列车，出站时车上共有312名乘客，后来列车到达一处车站，下去18人，上来54人，列车又到一站，下去81人，上来44人，列车又到一站，下去23人，上来50人，列车又到一站，下去67人，上来35人，火车继续往前开，到了下一站，下去12人，上来9人，接着列车又到一站，下去54人，上来66人，列车又到一站，下去17人，上来24人，列车又到一站，下去78人，上来85人，列车再到达一站，下去94人，上来56人，接着列车到达了终点站。"当这位资深的心理学家快速、准确、清晰地讲完上题后，心算家便马上准确无误地把列车到达终点时在车上的人数告诉了观众。心理学专家却说道："我不是问你达到终点的乘客是多少，我想问你列车在这期间一共停靠了几站？"这位全国著名的心算家张目结舌，回答不上来。

出题的心理学家利用心算家习惯的心算定势——只将注意力集中在数字上，故意用表面上并不比往常复杂的数字将心算家的注意力吸引过来，而在运算过程中丧失了对火车途径车站的计数——注意力旁落就记不住，记忆专家也一样。只有集中注意力才能记住想记的事情。

使注意力集中的环境因人而异。毛泽东的一些著作是在窑洞里写就的。高尔基说："树林在我的心里引起了一种精神上安宁恬适的感觉，我的一切悲伤都消失在这种感觉里，不愉快的事统统忘掉了。同时提高了我的感受性：我的听觉和视觉变得敏锐多了，我的记忆力强得多了，我的头脑里贮存的印象也加多了。"

不同年龄段的人集中注意力的时间长短不一，通常情况下，保持高度注意力的时间在 12 岁以前不超过 30 分钟（如对识记材料发生浓厚兴趣，时间还可大大延长）。

干扰注意力的因素主要有：使人分心的杂念；嗜酒、嗜烟、"开夜车"等劣习；饮食调控失度；不速之客来访；易使注意力游离的药物等。

干扰注意力集中的环境主要是：超过 25 分贝的噪声；太强或太弱的光线；太冷或太热的室温；易使注意力游离的杂物；绝对无声的环境。

排除影响注意力集中的干扰因素，可以有意识地进行一些集中注意力的训练和抗干扰的自我训练。如毛泽东小时候常常用"闹中取静"的方法在城门口读书。李政道经常去茶馆读书——茶客们在谈天说地，他却能静下心来读书。

自我奖励也是变干扰因素为刺激因素，使注意力由分散趋于集中的重要手段：

当需要记忆，脑子里却浮现出看电视、洗澡、喝茶等杂念的时候，可以把这些杂念作为到达某一记忆目标之后的奖品，这样一来，足以妨碍记忆的杂念，反而成为刺激记忆的最佳诱导剂。如记下一段课文，可以喝杯茶并休息 15 分钟；要是记下两段课文，就可以洗个澡；要是完成了对三段课文的背诵，就可以去看一场喜欢的电影。像这样，把自己的杂念由小到大逐次排列起来，并把最先的杂念放到最后去对付，表面上看像是一种哄骗小孩子的把戏，却有促进记忆的效果。

在一般情况下，只要目的明确，有顽强的毅力和镇定的情绪，采取相应的训练举措，就会使散向的注意力集中到学记的内容上去。

4．一心多用——注意力分配记忆法

很多人都拥有一心二用的能力：列宁有控制和分配注意力的超常能力。据说有时候他能一心四用：主持会议；听人发言；研究材料；就某些问题给人民委员会写便函。尼·加·车尔尼雪夫斯基有时候能一心二用。他在给《现代人》杂志写文章的同时，还能向秘书口授由德文翻译的《斯罗萨的世界史》。有些人对某些业务重复至熟练后可以一心二用，例如有的女性织毛衣至娴熟时，可以一边毫无差错地织毛衣，一边抬起头与其他人谈天说地或东瞅西望地注意感兴趣的事。有的打字员，可以熟练到一边不停地准确无误地打着字，一边与有业务关系的人谈论，甚至听外语广播。有人研究后指出，这些人完成动作的控制全由大脑皮层移交给皮下中枢，完成动作就无需有意注意而转为自动化了，大脑皮层就可以"腾出手来"参与一种主要的记忆活动，使两种活动能同时顺利进行。

当两种同时并进的活动都需要注意时，其中必定有一种活动是主要的，起着决定性的作用。于是，就出现了注意力的分配问题。如老师讲课时，学生既要注意听讲，又要注意笔"记"。学生在能够熟练地写字后听讲，通常是把大部分注意力分配到比较生疏的听讲活动上去，而把小部分注意力分配到熟练的写笔记活动上去。这样的做法能顾此兼彼，提高学习课堂知识的效率。

要学会记忆，首先要学会分配注意力，将散向的注意力集中到学记的生疏难重内容上。

不同的注意力对同一事物会留下不同的烙印，从而产生不同的记忆效果。如不同职业的人进入装饰精美、造型独特、气势宏伟的展览馆内参观，记入脑中的事物会因职业的不同而有所不同——不同的注意力铸就了不同的记忆效果。比如说，建筑家们的大脑中会有展览馆建筑特色的烙印；服装设计师们会将参观者中的奇装异服特鞋的形象留在脑中；书法家们能记住展出的著名书法家的真迹。看《红楼梦》，年轻人侧重于情节，看林黛玉与贾宝玉的爱情悲欢；研究历史与文学的人侧重于观察里面的封建礼节、清代官场及民俗情况；诗词专家则专门研究里面的诗词……

有时，外行可以无意发现内行都难发现的新现象。积极工作或休息时，偶然地注意到和本职工作无关的新奇现象，产生奇思妙想，并在此后把以往的注意力转移过来，拼搏于全新的陌生领域中，取得了较本行工作丰厚得多的回报。

记忆力的分配存在着个体差异。有的人可以一心（实际上是脑）多用，有的人可以一心两用，有的人只能一心一用，有的人还难以使注意力集中，要根据不同的个体情况量力而行，切不可好大喜功、贪多求全。

5. 合理运筹时间记忆法

合理运筹时间记忆法，主要是依据生物钟的不同节律安排不同的记忆内容——让时间佳度与记忆内容对等，即：在最佳记忆时间里记忆最难记忆的；在中等佳度的时间里记忆中等难度的；在不佳时间里记忆简单的知识与经验。

由于每个人的最佳记忆时间常有类型上的差异，所以在相同时间里记忆难度不相同的知识与经验才是每个人的最佳选择。

假如一个人一个月中的最佳记忆日是上旬中的某几天，而另一个人则是下旬中的某几天，那么，前者在总复习期间就应将所记忆的课程安排在上旬的某几天中，而后者在总复习期间就应将同一难度的课程安排在下旬的某几天中。

假如 A 的日生物钟节律是百灵鸟型，B 的日生物钟节律是猫头鹰型，C 的日生物钟节律是亦此亦彼型，那么，在安排每一个复习日中的记忆内容时就应有所侧重了——因为 A 是百灵鸟型，所以就应将每一个复习日中最难记忆的内容安排在白天的最佳记忆时段；因为 B 是猫头鹰型，所以就应将每一个复习日中最难记忆的内容安排在晚间的最佳记忆时段；因为 C 是亦此亦彼型，所以就应将每一个复习日中最难记忆的内容安排在临睡前和（或）起床后的一段时间里。

假如不让时间佳度与学记难度相对应，在最佳时间里去记忆非繁难的或学习以外的事情，无疑是在浪费生命！而在非佳时间里记忆繁难的知识与经验，往往事倍功半。

合理运筹时间，还要学会积极地休息，使不同职责的脑神经细胞交替着工作，比如文理交替。学习内容相近，大脑皮层工作的部位也比较相近，长时间使用同一部位，造成局部脑细胞内物质的消耗和废物的积累，因而提前产生疲劳。而且把相近的科目和同类的材料放在一起学习，大脑中的神经联系也比较接近，重叠、交错，容易产生混淆。

善于学习的学生，很注意文理交替，以减少相互干扰。例如，学完语文看物理，做完数学看历史等。当然，在学习过程中，若穿插上文体活动，进行积极的休息，对记忆也是十分有利的。

此外，在记忆的非佳时间里，不妨尝试带着问题去闲谈，闲时得"宝"——在闲谈中学记"无字理"，能额外地记住原本在最佳时间里应该记住的问题。

6. 分散（头尾）记忆法

计划用 1 小时来背诵一篇文章，对这 1 小时的安排可以有两种方法：

一是集中法，就是在 1 小时之内，不断地反复地背，直到记住为止；

二是采用分散法，就是把背诵的时间分在几次进行，如每天背 20 分钟，在 3 天背完，总的背书时间还是 1 个小时。

检查记忆的效果，发现分散法的效果明显优于集中法。这是为什么呢？

一个学习过程，如果相对地分为前、中、后 3 个阶段，那么，前面的学习活动会影响后面的学习活动，即前摄抑制。例如，刚踢完足球，就立刻做功课，注意力常常难以集中，就是因为前面的活动虽然表面上结束了，但这个神经活动并没有停止，还要持续一段时间，使后面的学习活动受到干扰。前面活动引起的兴奋感越强烈，对后面学习活动的干扰越大。同样，后面的学习活动也会影响到前面的活动，即后摄抑制。

实践证明，总是开头和结尾阶段的学习效果好。不少人一早起来学习效果最好，除了早晨头脑清醒、精力充沛外，更在于早晨是一天的开始，学习活动基本不受前面的干扰。也有的学生睡觉前记忆外语单词和背课文的效果好，这是因为背完后就休息或睡觉，不再受其他活动的干扰。

分散学习法实际上是增加了学习过程中干扰少的首尾阶段，每次学习时间较短，大脑细胞也不容易疲劳。

在采用分散学习法学习时，要掌握好间隔时间。间隔的时间太长容易遗忘，间隔的时间过短，又容易受到干扰。根据遗忘先快后慢的特点，开始每次间隔的时间可以短一些，以后则可以逐步拉长。如果材料太难，则可以有较多的间隔次数；如果学习材料比较容易，内容又比较少，则间隔次数可以减少。

相比之下，集中学习法由于首尾少、干扰多，连续集中学习相近的材料，容易使大脑细胞感觉疲劳，神经联系产生差错，记忆效果相对会打折扣。

7. 少爱多弃——筛选记忆法

古往今来，善于学习的人都习惯于抓住主要的、关键的部分进行深入研究，其他零散的非关键的部分自然迎刃而解，前人给我们留下了很多精彩的语句：

……篇篇都读，字字都记，岂非没分晓的钝汉！更有小说家言，各种传奇恶曲，及打油诗词，亦复寓目不忘，如破烂橱柜，臭油坏酱，悉贮其中，其龌龊亦耐不得。 ——郑板桥

对记忆也得进行组织，即记忆之前应该考虑：哪些信息必须记住，哪些信息应当贮存在什么地方，哪些信息必须抛弃，哪些信息必须遗忘，哪些信息必须回忆。

——略泽尔

在所有阅读的书本中，找出可以把自己引到深处的东西，把其他一切统统抛掉，就是抛掉使头脑负担过重和把自己诱离要点的一切。

——爱因斯坦

在学习中，有意识地忘掉次要的信息，腾出大脑来记忆确实有用的信息。一个人如果想将所有学过的东西都记在脑中，无疑是一种很愚蠢的企图——将记忆力虚耗在不必记忆的事物之上，无异于慢性自杀。记忆的一个基本法则就是：依需择精而记——"少爱多

弃"。依需择精而记，既有对少而精信息的记忆，又有对更多信息的遗忘。为了完满地做到这一点，就需在记忆之前加大对收到信息的思维力度，进行预先筛选提炼。

从感觉器官接收入脑的众多信息中筛选提炼出少而精的需记信息，犹如"从众多贫铁矿石中选别出铁精矿粉再炼出钢铁一样，即用露天采矿、坑下采矿、坑露联采等方式将众多贫铁矿石开采出来集中一处后，先送入破碎机中粗、中、细破碎与筛分，然后送选矿场第一次去粗（非矿石物质）取精（矿石物质）选别，选出的铁精矿粉送高炉炼铁——第二次去粗（非矿石矿物和非铁元素）取精（铁元素），炼出的生铁再送入平、转炉中进行第三次去粗（杂质）取精（铁元素），直至炼出钢来。"

同样，也如同"众多贫铁矿石只有通过破碎筛分，选别成为铁精矿粉才具有使用价值，铁精矿粉只有经过熔炼而获生铁后使用价值才提高，生铁经过再冶炼而去掉具热脆性的硫、冷脆性的磷等杂质才成为使用价值倍增的钢"一样。

只有从众多杂乱的信息中筛选提炼出少而精的信息才具有记忆价值，也只有对少而精的信息进行再提炼才能获得价值大增或倍增的精中之精的信息——千古传诵的名言、警句、成熟的生产方式（方法）、创造发明与专利技术等。

一个会记忆的人，在记忆之前，会本着"少爱多弃"原则对所接收（识记）到的全部信息依需进行选择，逐个取舍，将少而精、简而全、确实有用的信息请进最适于它住宿的"房间"里面去。

8. 分类（系统）记忆法

分类或归类就是依据事物的某些内在联系或某些外部特征，把杂乱无序的事物重新组合成不同层次的类别的过程。通过分类或归类，使分散的信息趋于集中，零碎的信息组成系统，杂乱的信息构成条理，从而使需记信息更加趋于系统化、条理化、概括化，便于记忆。

"在人的识记活动中，对材料的分类、分组是很重要的一个步骤。人的经验是分类保持的。唤起过去的经验（回忆）也要借助于经验的类别的范畴……人在记忆时能够对经验分类分组，是由于社会实践中有储存物质的分类分堆的经验。没有社会实践中的分类分堆，人在识记材料时对材料分类分组是不可想象的。"

"读书分类，不唯有益，且兼省心目。"现代脑神经记忆学理论认为：只有系统化（有条理）的信息才能在大脑中形成系统化的暂时神经联系，识记内容也显得好记一些；而孤单单的识记材料所形成的暂时神经联系则是个别的、独立的、零碎的、分散的，不容易记忆，即便是记住了，也难以保持。

分类记忆便于快捷提取信息。人的大脑如同一座图书馆，需用信息如同书籍。经过归类编目的书籍井然有序地摆放在书架上，在需用时能有条不紊地快捷取出。而未经归类编目的书籍则杂乱地堆放在一起，需用时，一时半会儿也找不出来。

9. 规律集成记忆法

哈佛大学的米勒在发现一个成年人往往可以一下子记住大约7种分散的"点滴"信息的事实之后认为，记忆的诀窍在于：

把你要记住的7样东西组成一个大的总类别，然后再把具体的信息加到类别中去。以后记住7个类别的名称，通过联想你就能记住你先前归属于这7个类别的点滴信息。

对于有规律可寻的记忆内容，可采取按规律分块而后集成（综合）的记忆法去记忆它——记忆数量是随着每块内容的增多而增长的。例如，有的外语单词初看上去似乎没有规律可寻，但是稍加分析就会发现它们的内在联系：

注意：此法仅适用于瞬间就能发现需记信息间显而易见的简化记忆的关系的情况下。否则，还将因此而延迟记忆，增加了大脑的额外负担，造成脑力的虚耗，得不偿失。

10. 图表记忆法

经验表明，分散杂乱的原型文字或数据信息是不受记忆系统欢迎的。因为它们既枯燥乏味又杂乱无章，毫无生气。阿伦·佩维奥博士为了解决这一问题，提出了有关记忆的双重密码理论：假使你仅仅通过词语来记忆这一事实和想法的话，那么你只用了你一半脑力。当同一事实或想法你不仅通过词语（贮存在左半球大脑）来记住，同时也通过图像或草图（贮存于右半球大脑）来记住，那样就在你的记忆中建立了一个强有力的联合体。当你需要回忆这个事实和想法时，就可以从这一联合体提取。经验表明，如果通过筛选提炼、归纳整理，将有规律可循的分散杂乱的原型文字或数据转录成图表提供给记忆的话，那么，记忆系统就易于接受，还不会把它忘掉。

帮助记忆的笔记有很多种。我们把亦文亦图的帮助记忆的笔记称作记忆思路图，英国的 T·布赞叫它思维连线图，德国学者称为记忆图，《学习的革命》的作者称其为脑图，日本学者叫它智能集成板块。

记忆思路图的优点众多，最为凸显的就是集辐射（发散）思维和集中（聚敛）思维于一体，使人节时省力地在一页（最多是两页）中就把握住了内容的整体和各分体事物以及其间的有机联系，十分便于记忆，还能将印象深烙于脑中，不易遗忘。

记忆思路图中的各分体事物好比电脑的各集成板块，它们紧密合理地协同衔接便产生了如同电脑那样的整体可视的功能。如果将其牢记在如同智慧宝库的脑中，就会井然有序地一块接着一块堆放在通路畅达的各个"房间"里，便于贮存。一旦需用信息时，就可快捷地提取，既方便识记与保持，又利于回忆或认知。

门捷列夫的《元素周期表》是将原型文数信息转录成图表的示范实例。它融一览表、系统表、比较对照表、统计表于一体，括组成宇宙万物的已知元素于一表，真不愧是"会当凌绝顶，一览众山小"的好表，使人"一观诸要"。

列宁、马克思都很注重列表记忆。

列表记忆在我国源远流长，如司马迁的《史记》中的《十表》。

经验表明，经常制作的是一览表、系统表、比较对照表、统计表等，制作不拘一格，各有千秋。站在统筹全局的高度，鸟瞰接收到的信息，把相关的信息分类归纳整理成表，进行比较对照（同中求异或者异中求同），进而把握住信息的各自特点及其间的关系——共性，可以使令人眼花缭乱、极易混淆、目不暇接的繁复信息，如英语时态、俄语数格、化学元素等变得井然有序、一目了然。特征化、条例化，既便于记忆，又便于提取。

11. 提炼共性记忆法

在初中化学课中，讲得最多的是氧化还原反应。这类反应比较复杂，既有电子得失，又有化合价升降，还要区分什么元素被氧化、什么元素被还原，什么物质是氧化剂、什么物质是还原剂。但是，只要记住抽引出来的共性"失电子升了价（被氧化），被氧化是还原剂"这句话，就能很容易记住在此类反应中什么元素被氧化、什么元素被还原，什么元素是氧化剂、什么元素是还原剂了。

现在汉语中，分析句子的成分使许多人感到头疼，因为句子构成较复杂，有"主谓宾定状补"语。但是，如果记住抽引出来的共性"主谓宾定状补，主干枝叶分清楚。基本成分主谓宾，附加成分定状补，定语定在主宾前，谓语前状后面补"，记住新识记的句子的构成成分就变成一件很轻松的事情了。

英语中合成或派生出的新词较多，如果能记住组构新词的共性，对合成或派生出的新词就易于记住了：

合成法：

将两个词依序重组为一个新词

mother——land——motherland

母亲——国土——祖国

派生法：

在动词后面加词缀 er，表示从事该动词的人

work	worker	read	reader	drive	driver
工作	工人	读	读者	驾驶	驾驶员

记住三角函数诱导公式的共性：

三角函数有 54 个诱导公式，记住概括出的"奇变偶不变，符号看象限"这句口诀，就可以推导出全部的诱导公式了。

……

在校学习的学生，如果能预先把书本中的共性提炼出来而后记忆，是最好不过的了。但从目前的状况看，绝大多数学生还做不到这一点。如果能在课后复习时，把共性从书本中抽引出来而后记忆的话，也会有利于学记效果的提高。

12. 提纲记忆法

南宋有个名叫张俊的奸臣，以搜刮民财为其能事，民众虽恨之

入骨，但因其官大势大，没有人敢惹他。

有一次，宋高宗请大臣们喝酒，叫一班艺人来说笑取乐。其中一艺人走上场来，说他用大铜钱（中间有方孔的）对人一照，便能照出这个人是天上哪颗星的化身。在座的人都要他看看自己是什么星。这人便依序照来，当照到张俊时，这人故意看了又看，然后装出很认真的样子说："只见张老爷坐在钱眼里，看不见他是什么星宿！不信你们自己来看吧！"大家一想，忽然悟出艺人的用意，便哄堂大笑起来，弄得这个奸相面红耳赤。这里，最关键的一句话就是"张老爷坐在钱眼里"。在想记住整个原型群体信息中的精华大要时，可运用概括主体的方法。不论是短小精悍的诗歌、散文，还是长篇的科学巨著，只要简明扼要地把它的主题提炼出来，就能提供记忆主题思想来概括地掌握它的全部内容。

对记忆而言，有所失才有所得，有所简化才有所强化。我国古人韩愈曾得益于此法，并总结道："记事者必提其要。"善于记忆的人，记忆的全是提炼出的"字词句段去而意留"的简化信息，少而精；不善于记忆的人，才将全部学过的东西都记忆下来，过不了多久就遗忘殆尽。

在新闻采访中，精明的记者往往只记下从对方话语中提炼出的用得着的信息；而无能力的记者才将对方谈话内容用笔全部记录下来。马克思特别重视做原型信息的提要，视为是一种通晓他所读过的材料的工作过程。他甚至还为他自己的藏书做提要："从我所读过的图书中做出提要，已经成为我的习惯，例如我读列辛的《老孔僧》、索尔格的《伊尔文》、温克尔曼的《艺术史》、鲁登的《德国史》等等都是这样做的。"在概括主题和作提要时，用的话语越少、越通俗易懂、越深入浅出、越形象生动则越好。细了容易乱，少则得，多则惑，难懂不易记忆，呆板惹不起兴趣。

编写提纲便于记忆的优点有 3 个：一是具有直观性，一目了然；二是具有概括性，浓缩出全部信息中的精华；三是条理化，显露了主干信息的层次及关系。目录可以把分散的片断信息系统地整理，便于记忆，提取的时候也较为系统快捷。相传，苏东坡在学记《汉书》的时候使用了筛选关键字的技法：开始时，学一段抄三字为题；第二遍学记时，读一段抄两字为题；第三遍学记时，读一段仅抄一字为题。学记三遍后，只要别人任提第三遍抄的任何一个字，苏东坡即能背出相应的这段文字。这些技法如果选用得当，可抓住骨干，带动枝叶，轻松明快地绘出"知识之树"来。

经验表明，成就大业者往往不是记忆了很多信息的人，而是从小就记忆了适合于自己的有用信息的人，这就像吃饭一样，能够全面适量地摄取所需营养的人比吃得很多的人更健康。

13. 左右脑协同记忆法

爱因斯坦以相对论闻名世界。他的脑子并不像人们所想象的那样——只装逻辑性极强的系统化了的数字和公式（储存于发达的左脑中），事实上，爱因斯坦还是一位小提琴爱好者，有空闲就在右脑的指挥下拉起小提琴。

善于让大脑两半球协同的爱因斯坦，用左脑于 1905 年创立了轰动世界并否定牛顿"绝对时空观"的狭义相对论。思不能止的长达 11 年的思考，又使爱因斯坦在 1916 年的一天，从习惯于巧妙联想并富创造性想象的右脑迸发出了关于形成广义相对论的灵感。

据爱因斯坦回忆灵感突现时的情形说，他在一个夏日，躺在山边正做白日梦（即胡思乱想——在潜意识域中，依据脑储知识信息与实践经验进行着尚未知晓的闪电般的尝试组合或前所未有的搭配），突然，想象自己在乘着一束阳光到宇宙深处旅行，并从宇宙的另一边返回太阳系。

此时的他突然警醒到，要让这梦想成真，宇宙必须是弯曲的，空间、时间以及光线亦都应是弯曲的。于是他返回桌旁，在逻辑性极强的左半球大脑的指挥下，将右半球大脑赐予的灵感整理出来——这，就是实用价值更高、应用范围更广、逻辑性更强的广义相对论。相对论产生于大脑两半球的相互协同中，两半球都发育铸就了人类科学史上的辉煌。与爱因斯坦相对应，对绘画非常投入的名扬世界的大画家毕加索，是一位使绘画数学化和几何化的艺术家。他不尽是用发达的右脑去装入绘画的艺术讯息，还常在构思绘画草稿时让左半球大脑帮忙——转录出数学化和几何化的讯息，供右半球大脑在构思和使思维具体化的创作中使用，以增添作品的立体感和规则化。凡人和天才的区别就在于，后者注意开发弱势半球大脑的潜能——让两个半球在处理事务时都发挥作用，而前者则大都仅利用优势半球大脑——弱势半球大脑在处理事务的过程中都闲着。

有人为了轻松愉快地记住7个无聊乏味又互不相干的外语单词：风、尘埃、瞎子、三弦曲、猫、老鼠、木桶店，将其编成一个"风吹木桶店就赚钱"的故事："起风的日子满地尘埃飞扬，尘埃飞入行人的眼睛，眼睛内有尘埃的人会变成瞎子，依靠弹三弦曲过生活的瞎子必然增多。制三弦需要猫皮，所以杀猫，猫就逐渐减少，老鼠增多，老鼠会咬木桶，木桶店的售货因此增加。"在中国，人们至今还在用编故事的方法来记忆三十六计。比如用田忌赛马的故事，可以深入浅出地表述运筹学能出奇制胜、转败为胜的精髓，记住了这个故事，运筹学的奥妙也就在记忆者头脑中扎下了根。

14. 多通道协同记忆法

古人读书讲究"三到",宋代学者朱熹在《训学斋视》中指出："心不在此,则眼不看仔细,心眼既不专一,却只漫浪诵读,绝不能记,记亦不能久也。三到之中,心到最急,心既到矣,眼、口岂不到乎?"文学家苏东坡,在多年的求知生涯中,养成了抄书的习惯。他的抄书,往往不是为了积累资料,而是为了加强对书的内容的记忆。这两位先贤的做法,也许是建立在对协同记忆法良好效果有深刻体验基础上的吧!

协同记忆法应用于学习实践,主要应体现在把听、说、读、写、思和实际操作结合起来。多通道协同记忆,是利用多种感觉器官协同记忆繁难重要信息的有效手段。

有人的心理学实验表明,通过不同的感觉器官接受的信息(由知识或经验或事件或物品或人与动物的言行等转录而成)对大脑产生的刺激强度有很大差异,因而也就产生了相差甚殊的记忆效果:对视觉输入的信息吸收率最高,可达 83%;对听觉输入的信息吸收率次之,为 11%;对嗅觉输入的信息吸收率更次,为 15%;对味觉输入的信息吸收率最低,仅为 1%。尽管记忆专家们强调要善用所有的感觉器官去记忆,但非盲人却总是更常运用眼睛来吸纳大多数外界信息,也无怪乎很多人把眼睛比喻为"心灵之窗"了。

通过视觉转输信息入脑,其主要优势之一就是让大脑的两个半球协同合作,产生了"1+1>2"的增值记忆效应;其次是凸显层次并有认知深度,还可以通过强化图像细节去增强记忆,亦可赋予图像的相适色彩去提高视觉的转入效果。

据有人实验,交替使用视觉和听觉去接收同一信息,能够使记忆效果凸显:视听结合能记住 65%;单用视觉仅能记住 25%;单用听觉记住的只有15%。有人将学生均分3组，只告诉甲组学生10张画上的内容，不让学生看画；只让乙组学生看这10张画，不讲解画上的内容；既给丙组学生讲解画上的内容，又让他们看这10张画。随后测验，甲组记住60%，乙组记住70%，丙组记住86%。通过实验、制作等实际操作，不仅可以增强感性知识，提高记忆效果，而且由于经常活动手指，还可以使大脑沟回增多、变深，提高智能，防止或延缓脑衰老。在大脑运动中枢，与一个拇指相对应的大脑皮层面积相当于与一条大腿相对应的大脑皮层面积的10倍。大脑控制整个躯干的脑细胞的数量只相当于控制双手的脑细胞数量的1/4。特别是左手参与实验、制作等，有利于开发右脑，培养创造力。

如果将需记信息寓于影视节目中，同时启动视觉和听觉的能量，对于激发学生的学习兴趣、吸引学生的注意力有极大的提升作用。现在很多有条件的学校都在使用多媒体教学方法，课堂生动有趣，能最大限度地调动学生学记的积极性。

为了记忆时加深大脑对繁难、重要或者陌生信息的印象，让其由瞬短时记忆转化为长时记忆贮存在脑中，可以让多种感觉器官协同作战：看、听、写相结合，如果可能的话还可以采取触摸、嗅、尝等各种方式。在大规模的复习中也可以考虑采用这种方法。

平日里可以在休闲时抽挤出一小段时间去进行两种或多种感觉器官协同记忆的练习，如在无杂音干扰的环境中进行音乐听写，仔细地倾耳细听、默写，再反复对照；全神贯注地听一首曲子，熟悉后清唱，再听，再唱，直至听唱合一。在限定时间内记忆声音信息的能力就在这种训练中不知不觉得到提高。据说莫扎特自幼勤于进行这种训练，在他14岁的时候，一次听完意大利作曲家阿莱格里·格雷戈里的一首弥撒曲，回到家中，将曲子几乎完整地默写了出来。

进行眼手口脑协同记忆的训练。有些重要的繁难信息，可以通过视觉观察后，用笔写下来，反复朗读，直至能背诵。过后，再抽闲暇时间不断背诵或回忆、默写；对能吃的佳品，可精察、细咀嚼、慢品味、反复嗅，而后进行综合与概括思维等。

15. 借助联想想象帮助记忆

让联想想象帮助记忆，是抵抗遗忘的最佳选择。让联想想象帮助记忆的实质，就是通过巧妙联想和丰富想象让新记忆的信息与脑储原有信息以结构的形式联系在一起，就像鱼被钓在钩上一起沉入"脑海"中一样。需要使用的时候，只需轻提"鱼钩"，"鱼"就会在"脑海"中浮现出来。

（1）奇妙幻想

有人为了记住"声音不能在真空中传播，热却可以"这一物理法则，通过创造性想象和奇幻联想，将其变成如下的故事：情侣在真空中亲嘴，听不到声音，却可以传播嘴唇摩擦的热。人的大脑左半球主管逻辑（科学）思维，右半球主管形象（艺术）思维，但有人在记忆中常将二者的功能记混。对于看过或听说过电影《佐罗》的人来说，只要将逻辑思维与此电影中的主人公佐罗联想在一起去记忆就行了——一想起佐罗这个英雄（有人称"佐罗"这个人名为记忆的定位词），就连带回忆起了逻辑思维和管辖它的左半球大脑了，亦可推出形象思维是由右半球大脑管辖了。一来二去，很快就把两半球大脑的主要功能记忆牢固了。

（2）对比联想

看到、听到或回忆起某一事物时，往往会联想起和它相对的事物，对各种知识进行比较，抓住其特性，可以帮助记忆，这就是对比联想法。古律诗中常用的方法是对仗，其中就有很多上句与下句对比的，想起前一句就能很自然地联想到后一句，如"两个黄鹂鸣翠柳，一行白鹭上青天"等。

若想记住治疗蜂毒有特效的苔藓液，只需与华佗发明苔藓液的趣闻联想在一起就很容易了：华佗将观察"黄蜂和蜘蛛的搏斗中，受黄蜂刺伤的蜘蛛爬上苔藓打个滚便恢复常态"的现象牢记于心，并通过对比联想，触类旁通地发明了治疗蜂毒的特效药——苔藓液。

（3）相似联想

为了记住"人的大脑装有1000亿个神经细胞，并且由这些神经细胞交织成十分复杂的神经细胞网络"这组信息，有人将神经细胞与微型计算机联想在一起，把神经细胞网络与微型计算机网络联想在一起，编织出一组形象化信息："人的大脑好比装有1000亿架微型计算机，并且由这些微型计算机交织成十分复杂的微型计算机网络。"有人在学习地理时，将意大利半岛与形状相似的长统靴联想到一起去记忆。一看到穿长统靴的人，就想起了意大利半岛，没专门花时间就记牢了这个知识点。

（4）接近联想

需记忆的信息是"决策者的3种类型：A型不求大利，怕担风险。对利益的反应比较迟钝，但对损失的反应比较敏感；B型谋求大利，敢冒风险。对损失的反应比较迟钝，而对利益的反应比较敏感；C型——亦此（A）亦彼（B）型，完全按照损利值和期望值的高低来选择行动方案。"如果记忆者能将身边与之接近的真人真事联想在一起，一见到身边的这三种类型的人，就联想起需记的上述信息，这组信息就易于记牢了。

引导学生建立独体字间意义的接近联想，也有理想的记忆效果。如目与垂并联为"睡"，小和土串联为"尘"，上小下大为"尖"，家中起火为"灾"，用双手把东西分开为"掰"，鸟落在树上为"隼"……

（5）由此及彼联想

由听声音联想到人物的形象，例如由听死者生前的录音联想并想象死者活着时的容貌、举止、人格、个性、特长；由听电台播放的相声联想到说相声演员的音容笑貌；由看《水浒传》中倒拔垂杨柳的花和尚鲁智深联想到电视连续剧中的演员形象；由触摸或观看名人在历史博物馆中的遗物联想到名人生前的行为举止；由品尝已故老人留下的名茶联想到已故老人的慈祥……联想得越多，想象得越清晰，记忆得也就越牢。

（6）象形谐音联想

月牙弯弯笑嘻嘻（C），与C象形与C谐音无论是象形还是谐音，只不过是为学记提个醒，书写与发音还是要按照标准进行。学会联想与想象的重要举措，是在愉悦欢畅的情境中去活跃思维，让思维的能量辐射到无所不包的领域、行业、学科、部门及事物，让在脑中扎下深根的联想与想象的技巧、方法充分地发挥作用。孩子如果在休闲时间经常进行诸如下面列举的练习，那么，孩子的联想想象能力就会"油然而生"，也就养成了遇事易于进行联想想象的习惯了：

在吃苹果时，联想到其他种类的苹果如红富士、国光等，并想象这些苹果的模样、色泽，回忆咀嚼时的感受，比较它们的同异；在吃嚼甘蔗时，联想到有甜味的其他种类的东西，如用南方的甘蔗提取出来的蔗白糖、细粒的绵糖、粗粒的砂糖、结晶透明的冰糖，用北方的甜菜提取出来的白糖、红糖，还有糖精钠、甜蜜素、阿斯巴甜、安赛蜜、蜂蜜、糖浆等，并且想象它们的形象、色泽，回忆品尝它们时的感受，比较它们的同异……

虽然一种理念与另一领域的理念巧妙地联想起来会增强记忆力并补足事实链条中的不足和尚未发现的环节，但在没有熟读有关如何联想和想象方面的基础知识和习作的情况下就去盲目地联想想象，很可能会出现事与愿违的结果——离奇的臆造与古怪的杜撰比记忆需记信息本身还要花费多得多的脑力与时间，得不偿失。

16. 重视首次识记记忆法

在印度，一只大象看到它的主人掐死妻子，然后把她埋在住宅附近的花园里。当主人重新结婚时，大象把新娘带到埋尸体的地方，并用鼻子挖出了尸体。这表明，奇特的事在大象首次识记时留下了很深的印象，许多年后仍然存留于大象的脑中。

常人易于记住新鲜古怪的事物，《阿德·海莱缪》中说："人们对于每天看到的琐碎的常见的事物，一般是记不住的。若是看到或听到奇异的、不可思议的、低级丑恶的、荒诞的、巨大的等异乎寻常而又古怪离奇的事物，反倒能记忆很长时间。可见，身边的见闻常常被忽视。但是，儿童时期发生的事情却能够记忆得很牢固。'看'这个行为本身是没有变化的。可是正常的司空见惯的事物就很容易被遗忘，而奇异的事物就永远留在记忆中，这难道不是有些不合乎道理吗？"

曾有羊皮纸书记载："人不会记得一般的平凡事情，但是看到或听到奇怪的、不可思议的、夸大的事，对于这种奇特呆笨的内容，可以记得非常的长久。"

给人的印象特别深刻的，比如说，罪犯被处死的情景，被车撞到而倒在血泊中奄奄一息的人，商业大厦门前的表演，小汽车中的新款车型，"神舟七号"飞船上天的场面，站在领奖台上领奖的瞬间……这样的记忆常常可以经久不忘。

现代心理学家们认为，凡是首次识记获得强烈印象的事物，如能引起人们注意的事物、能激惹起人的情绪的事物，与脑储的知识、经验建立起联系的事物，就都容易被长时记忆起来。19世纪德国著名心理学家艾宾浩斯在他的《论记忆》一书中写道："保持和复现在很大程度上依赖于在有关的心理活动第一次出现时注意和兴趣的强度。被烧伤过的儿童就怕火，挨过打的狗见了鞭子就逃。"

记忆的全过程包括：识记—保持—认知或回忆。首次识记是保持的前提，保持是认知和回忆的条件。搞不好首次识记，会给认知和回忆带来极大的困难，甚至全然不能认知和回忆。漫不经心的首次识记，如同古代计时的沙漏，注进去，漏出来，什么也没有留下，被识记的信息像匆匆的过客，在大脑中稍纵即逝，认知与回忆也就更无从谈起了。

首次识记时，应采取几乎所有的适合于自己的记忆方法去增加需记信息输入脑中的印象，比如说通过巧妙联想和创造性想象，使需记信息鲜活奇特起来。

首次识记就应该是经过预先科学整理与浓缩的，重点突出又有结构联系的、富含情趣的、生鲜活跳的知识、经验、感悟、心得，而不应该是紊乱失序的、枯燥乏味的、死板教条的知识，如果首次识记的是错误的、模棱两可的、没有重点和结构联系的知识，学习者不但会失去学习的兴趣，还会因重复错误的信息而养成难改的劣习，即便日后学到对的，也难将先前的错误根除。

17．博知记忆法

李时珍自幼刻苦攻读《内经》《伤寒论》《本草经》等医学论著，随父行医，还收取民众"无字理"中的医药精华，并且不断向大自然索取药用物质的第一手素材，自修本草27年，完成了约190万字、收载药用物质 1 892 种（动物 340 种、植物 1 195 种、矿石357 种）、"博而不繁、详而有要、综合究竟、直窥渊海"的世界医学名著《本草纲目》。

大自然是博知的第一课堂。达尔文过海观山，向生物圈索取第一手资料，精察细研了无人迹处的各种古今奇观，洞察现存生物的习性及变异，广泛收集典型生物的遗骸，运用各种理性方法，比照古今，找出内部实存的联系：生物在漫长的历史年代中的进化规律——适者生存，优胜劣汰，弱肉强食，强占弱迁，生物在时间的顺延中进化。历经27年，终于成就了轰动世界的不朽之作《物种起源》。

蒲松龄"喜人谈鬼，闻则命笔"，通过博采民众中流传着的有关"鬼"的各种故事，进行巧妙的联想和创造性的想象，终于写成令后世无数人爱不释手的《聊斋志异》。

施耐庵乐于细心博采民众口头流传的让人解恨过瘾的关于宋江组织民众起义的故事，进行整理加工，融会贯通为传世之作《水浒传》。

鲁迅在研究中国小说史时，从上千卷文献中"废寝辍食、锐意穷搜"所需的材料，录写于不拘一格的笔记之中。

广博精深的知识与经验就如同人们假想的地球上的经线（度）与纬线（度）直交的网格，新发现的岛屿与山脉就如同需记的知识与经验，测出其经度与纬度后，即可快捷、准确地将其置于所在的图位上，提取起来也十分方便——可按坐标数字用经纬仪将其反馈于实地。

记忆效果常随着背景知识的丰富而提高，尤其在记忆那些鲜为人知的知识信息与实践经验时。熟知光谱色彩正常顺序的人在自学"赤、橙、黄、绿、青、蓝、紫"这段文字后，能轻而易举地依序回忆起来。但是，一位对光谱色彩一无所知的人，却难于在自学后很严格地依序回忆起来，因为这7个词对他来说，都很陌生，都是形容词，而且互不依附，完全并列、等值，都可能以相同的概率出现在回忆中的任何一个部位。

快速记忆总是以相适的知识背景为依托。宽深宏大的信息基础，可使建筑其上的系统记忆工程高大无比。在通常情况下，知识基础博大精深的大脑较贫知的大脑易于接受新输入的待记信息（新输入的待记信息与原贮于脑中的信息有更多建立联系的机会），大都能将其快捷、有条理地纳入原有的知识结构中。这就是心理学上所说的"抛锚"作用。

当人遇到新信息时，人脑就把原有的与之相联系的经验当锚抛下，以这抛下的锚为根据来记忆新的信息，那么新的信息就很容易与其挂靠并在大脑中固定下来。实际上，许多信息都是人们（无论是博知者还是贫知者）在无意识中利用"抛锚"作用记下的。

如果新识记的信息超越原贮于脑中的信息或与原贮于脑中的所有信息毫无联系，那么新识记的信息就难于组织到原有信息的结构网络中，结果只能依靠死记硬背来吸收，因此记忆起来就远远不如与原贮于脑中的信息挂靠在一起的新识记信息那么牢固和持久。

人们可以借助现代高科技手段及装置，如飞船、人造卫星、潜水艇、深潜器、潜水衣、电脑和国际互联网、照相机、录音机、摄像机、复印机来博知。

此外，增加在电视或电影中学记有用信息的份额，也是博知的重要手段。加拿大的麦克卢汉形象地指出："无线电60年教授的知识，只等于电视6年的教授内容。"

18. 笔记记忆法

笔记有明显的帮助记忆的作用，在我国，从古到今的很多名人，无一不在笔记的帮助下进行卓有成效的记忆活动：我国唐代诗人李贺有随时笔"记"真知灼见、帮助脑"记"的习惯，铸就了很多名诗佳句。

清代的李慈铭，一生写了大量的笔记，长达几百万字。

鲁迅曾经借助手抄《地球浅说》的方法来帮助大脑记忆自然科学知识。

竺可桢曾经在 38 年里每天都抄录每日气象预报。

吴晗抄录了近 20 万张小卡片来帮助记忆明史。

在国外，也有很多名人进行了类似的活动帮助记忆：列宁通过做摘录和眉批笔记，来帮助大脑去记忆读过的书籍中的精粹。

托尔斯泰曾经在 51 年里每天都写日记，以此来帮助大脑记忆。他还说："身边永远要带着铅笔和笔记本，读书和谈话时碰到的一切美妙的地方和话语，都要把它记下来。"

果戈理在请客席间，为了帮助大脑记忆，将上齐美味佳肴的菜单全部抄了下来。

凡尔纳用手写的几百本笔记来帮助大脑记忆。

歌德的门生爱克曼通过笔"记"老师讲话，来帮助大脑去记忆歌德通过语言显露出的真知灼见。

杰克·伦敦用"将各种场合下得到的真知灼见和趣闻轶事记在小纸条上"的办法帮助记忆。

美国海军人事管理研究处曾进行过旨在让笔记加思维使记忆力增强的心理学实验，并且获得了成功：让百名受试学生同时于相同环境中收听同一录音然后均分为 3 组，让第一组按照所听的内容逐字写成笔记，让第二组先把所听的内容分列为大纲后再写成笔记，让第三组只听不记笔记。然后进行统一测验，结果笔记加思维的第二组学生记住的内容最多，高达 58%，而其他两组的学生仅仅能记住所听内容的 37%。人脑具有多指向、不规则、随机性吸贮信息的功能，乐于接受记忆思路图之类的图文并茂、式样新鲜且暗蕴规律的信息。它能在人的记忆中构筑起增强各信息间联系和顺畅回忆整体信息的强有力的联合体，是打开回忆群体（整体）信息的一把金钥匙。如果经常构思——写画——回忆，不但能帮助大脑减轻记忆的负担，还有利于形成创造性思维技能，提高重新组合脑储信息的能力，为灵、巧、快地解决学习中的疑点、难点、热点问题提供助力。

图解能使人一目了然地把握各种同角三角函数和它们之间的相互关系：非平方函数的相乘关系、平方函数的相加关系等，记忆起来又轻松又难忘。这种笔记对于总复习来说是最方便不过的了，有助于人们轻松愉悦地度过令无数人感觉紧张的总复习时间。

除了记忆思路图能减轻记忆负荷之外，摘要笔记、内容提要或提示、浏览笔提示、提纲、目录、索引、序言、结语等增添思维份额和概括力度的笔记，也有减轻记忆负荷的作用。

增加记忆牢固程度的笔记，应当首推默写和默画，其他笔记也有帮助记忆的作用。因为所有的笔记，都应该被看作是"脑"记的延伸。

从方便大脑归纳的角度来讲，活页卡片笔记最好。

19. 阅读记忆法

无论是何种阅读：出声阅读（朗读、小声念、内发音）、背诵；视读、听读、默读；忆读、非忆读；速读、慢读等，都有帮助记忆的作用。但是，它们对记忆的帮助是各有不同的：

出声阅读以读出声的形式将输入脑中的信息提取出来时，听觉器官还会在瞬间将带有感情色彩的所读信息反馈给大脑，于是就加深了它在大脑中的印象，帮了"脑"记的大忙。

视读——无音目视主要是通过视觉将知识与经验转录为信息输送给大脑，如果集中注意力，也可以使视读中的重要内容由瞬短时记忆转入长时记忆。

听读主要是通过听觉将知识与经验转录为信息输送给大脑的，

如果集中注意力，也可以使听读中的重要内容由瞬短时记忆转入长时记忆。

摸（触）读通过手等触觉器官将感知到的信息输送给大脑，如果集中注意力，也可使摸（触）读中的重要内容由瞬短时记忆转入长时记忆。

……

经验表明，变着法子的阅读总比不变法子的阅读对记忆的帮助要大。综合采取各种记忆方法，能帮助大脑在最短的时间内系统简明地记下最多的有用的信息。还有一种只让脑"记"有用信息的"鲸吞"阅读法。鲸每天能够吃重达好几吨的食物。鲸吞食的奇妙过程类似于粗读与精读相结合的过程。大容量的水含食物（磷虾等）从张开的鲸嘴进入其口中。待口中充满水和食物后，鲸就将张开的嘴紧闭起来，让比食物多得多的水从梳子般的须板"毛"间隙中流淌出去，再从头部以巨大的水柱喷入天空，磷虾等食物则被须板筛选隔留下来送入食道。

20. 科学重复记忆法

重复是学习之母。

——狄慈根

温故而知新，可以为师矣！

——孔子

操千曲而知音，观千剑而识器。

——刘勰

古今中外很多名人都有重复记忆的良好习惯。马克思每隔几年都要把读过的书中作了记号的地方和自己的笔记重读一遍。我国著名桥梁专家茅以升，80多岁高龄还能熟练地背诵圆周率小数点后100位以内的数。有人向他请教记忆诀窍，他的回答是："说起来也很简单：重复！重复！再重复！"据《先正读书诀》记载："林亭（即顾炎武）十三经尽皆背诵。每年用3个月温故，余月用以知新。"

外界的知识与经验通过眼、耳、鼻、舌、手等感觉器官转录为信息（讯号）输入大脑，进行首次识记后，如果不再重复（复习），留存在大脑中的大多数信息的印痕将随着时间的推移而逐渐淡薄，最终完全消失。

被识记信息遗忘后不能恢复的起始时间叫做临界值或遗忘点，识记不同的信息有不尽相同的遗忘点，而抢在遗忘点之前重复就能长久地让信息留存在脑中。科学的重复，就是在理解的基础上运用适合于自己的方法去颉颃遗忘——在遗忘点之前的相适时间里，用对的程序、步骤、策略、方法、手段、器具进行重复。重复技巧的应用因人而异：

（1）从新的角度使识记过的信息重现

用不同器官感觉同一信息——记述有酸味的食品、添加剂与药品的名字："醋、酸、山楂、灯笼果、酸浆、柠檬酸、苹果酸、酒石酸、维生素C"，通过视觉信息输入脑中被首次识记后，记忆者不时回忆这段文字，又入口品尝实物来增强对酸味的体验，还用鼻嗅其碎裂后发出的气味。这样不但容易记住这段文字，还能区分各种物质独有的酸味。

以逻辑艺术文字使音乐琴声再现——大文学家韩愈听完有人弹奏的优美琴声，引发了极大的兴趣，重复地听起来。听至熟后，构思出了表达琴声的逻辑艺术语言，流传至今。

将数字转录为新的形式记忆——前苏联著名导演爱森斯坦记忆电话号码的方法是把电话号码谱成曲子来唱。

变换顺序——将中间最重要的信息拿到最后去重复，或者是拿到最前面去重复。

让需要记忆的信息重复出现在不同词语中——变个角度复习外语单词/小学生牢记语文生字的复习法。

每次都以不同的方式预习和复习——在预习时，第一次通读课文，第二次发问：精读的对象在哪里？第三次精读，第四次加大思维力度筛选提炼，第五次用关键词笔 "记"。在复习时，第一次全面回忆，第二次将回忆的重点放在上次遗忘的部分，第三次对笔记进行 "字去意留" 的删修。

使外语的词根重现于不同的单词之中——词根及其包含的意义是整个记忆的基础。学习一门语言文学的最佳最短的途径，是掌握它的词根，亦即那些其他单词借以形成的原生词。

（2）分散重复与集中重复相结合

分散重复与集中重复相结合是最佳选择。有些信息需分散重复；有些信息，如诗歌之类则需集中重复。

无论是从近期还是远期的记忆效果来看，复习过于分散并不利于记忆。出差在旅馆认识了一个同房间的人，尽管朝夕相处了一个来月才分手，但是 10 年后在街头偶然相遇，还是会忘记了此人的姓名，似曾相识，却不敢相认。反之，在认识之后，若每半年见一次面，10 年中仅见了 20 次面，但在第十一年此人来访时，还是一眼就能认出他来。这就是一个典型的分散重复优于集中重复的事例。相关的实验证明，分散复习优于集中复习的 5 种事物依序是：一般材料、练钢琴、历史和经济知识、长篇非诗材料、一般课文。

（3）适度超量重复重要内容

超量重复，就是识记某一材料达到最低限度熟记时，继续重复回忆或复读（重复认知）。在战争中军队所用的口令或密码以及其他重要的只能脑记的信息，使用者为了牢记它们，常常采用超量重复的办法。

超量重复的最佳次数因人而异，因信息的繁简陌熟而异。超量200％虽然能够使保持量增加，但所耗时间却比超量150％多了许多。通常情况下，超量150％就是最佳选择。

（4）背诵

背诵能使记忆持久，使被背诵的对象由瞬时和短时记忆转化为长时记忆，延长信息在大脑中的留存时间。背诵一要"见缝插针"，机动灵活，每次不必多，一两分钟即可；二要注入热情和志趣，不能变成"有口无心"的机械运动。

（5）机械重复

当一些待记信息与大脑中的原有经验没有任何联系并且也想不出使它们发生联系的办法时，唯一能记住它们的有效方法就是重复的机械记忆。据报道，1991年在伦敦举行的第一次世界记忆大赛上夺魁的34岁的英国人用机械记忆和图像记忆的方法，只用了2分29秒便记住了一副扑克牌的顺序。而他自认为这种能力是锻炼出来的。

21. 改错记忆法

"吃一堑，长一智。"错误所造成的记忆是印象深刻的，有的甚至终生难忘。错误本身不值得记忆，但是由于产生了错误，反而对正确的内容产生了深刻的印象。

现在，在语文、外语、数学等学科的考试中都有改错题，就是企图运用改错来加强学生对正确知识的记忆。

改错有两种情形：一是改正自己的记忆错误或行为；二是改正他人不自觉的根深蒂固的记忆错误或行为、改正他人故意设置的记忆错误或行为。

一名大学生在一次演讲时把鲁迅"逝世"误读成了"折世"，引起哄堂大笑，并由此而获得了带有贬意的"折世"的绰号。此事过后，他痛下决心提高语文水平，很快就有了超越性的发展，同学们又为他去掉了"折世"的绰号。由此看来，通过改错记准了正确的知识信息，就等于向错误索回了补偿。

古罗马的菲得洛斯说过："朱庇特让我们背上两个袋子，一个放在背后，里面装满了自己的错误；另一个放在胸前，里面装满了别人的错误。"人们常常忽略自己的错误而对别人的错误看得非常清楚；改别人的错容易，改自己的错却是难于上青天。

原因就在于人的记忆有先入为主的定势，"少小离家老大回，乡音无改鬓毛衰。"虽然久居异地，却难以忘怀少时的乡音。换句话说，错误的信息一旦持久地保持在大脑中，就会因稳定的存在而对新识记的正确信息产生抑制，使其很难在大脑中扎下根来并取代错误的信息。所以，英国剑桥大学心理学教授巴特利才说："测定智力技能的唯一最佳标准，可能是检验摈弃谬误的速度。"

有经验的教师在课堂上故意在精粹、要害的地方卖关子，如故意把"减"的"冫"写成"氵"、把"纸"的"氐"写成"氏"、把"已"写成"己"等来让学生去改错。而这些错误，通过正确信息的再现与注意力的集中来得到改正，反而会因为印象深刻在学生的记忆中占据重要的位置。

有一位语文教师在教语文时，故意读错课文的两三处，让学生批评指出并改正过来。第二天让学生试着回忆这篇课文，结果证明，学生记得最清楚的就是那几处读错改正过来的部分。实践证明，教学时改错、考试或游艺时出改错题、工作时及时总结经验教训、比赛后善于找差距，对于认知和回忆正确的知识、信息和经验大有裨益。

现在很多综艺节目都有改错有奖的各种题目，吸引了很多观众，如中央电视台的《正大综艺》节目中，就经常会请嘉宾来判断问题的真假，寓教于乐，参与的嘉宾也大都兴致盎然。

22. 意志影响记忆法

没有明确的目标和一定的压力去调动记忆者的主观能动性，人们潜在的记忆力就无法发挥出来。给自己规定完成某一项记忆任务的时限，是自我施加压力的一种好方法，有了时限的压力，记忆者的精神才能得到振奋，才会得到较好的记忆效果。

据报载，第二次世界大战时美国兵空降德国前突击训练说德语的效果特别好，究其原因就是在于有压力，因为不会说德语的人空降后一下子就会被德国人识破，很可能会被俘，所以他们临战前训练时都很用心，结果所有的人都学会了。

许多在大的酒楼餐厅内应试的待聘生们，不用写单，就可记住每位客人所叫的饭菜，而当客人离去后又能很快地忘掉所记的内容，全力以赴去招待新入座的客人。这表明，让他们记忆的是意志，让他们刷洗掉记住的内容的也是意志。换句话说，只要你产生了记忆它们的意志，就会把它们记住；只有你产生了必须遗忘它们的意志，才会很快地让它们从大脑中尽失。

大凡有成就的名人，在记忆需记信息之前，都有要记住的决心，形成了必须记住它们的强烈意图，注意力格外地集中，并创造出适合于自己的有效方法去愉快地积极地记住它们，并且不时地使用它们。日本的南博教授和奥地利心理学家弗洛伊德就是这样做的。

好的记忆效果，大都出现于增强自信心并具有欢畅愉悦的情绪之后。经常默念"天才者与我的区别仅是他懂得怎样更多地使用大脑的记忆潜能"与"我也能更多地使用大脑的记忆潜能"之类的话语，有助于提升自己的记忆力。这是改善自我心理形象、克服心理障碍的好办法。

有许多人认为，头脑有好坏，记忆力的好坏也是天生的。其实记不住并不表示人的记忆力就不好，爱因斯坦就有忘带钥匙的毛病。

有高强记忆力的物理学家爱因斯坦，对不想记住的事情漠不关心，不想记住就记不住，因而养成了一个忘带钥匙的毛病。有一次，当他举行完婚礼后，同妻子一道来到新居，开门时才发现又忘记了带钥匙，只得让新娘在门外久等，等他取钥匙回来开门。

天才的米哈伊尔·库里也有忘事的时候。例如，有一次他被池塘里的金鱼所吸引，居然将照相机遗忘在公园的长凳上了。库里说："我想起来了，有87条鱼，瞧我聪明得连照相机都忘了，是神智短路了。"

即便是记忆天才，也会忘掉未引起注意的大事。记忆时最关键的是抱着能够记住的自信和决心，如果没有自信和决心，脑细胞的活动就会受到抑制，记忆力便会迟钝，久而久之，就会陷入恶性循环：没有自信→脑细胞的活动受到抑制→无法记忆→更缺乏自信。"记忆力这部机器越是开动得多就越有力量，只要你信赖它，它就有能耐"。当然，光有自信心是不够的，还要有充分的努力，一次小小的成功，都能增强人的自信心和自尊心，从而进入良性循环。

23. 事件发散记忆法

经常记忆时空跨度大的复杂事件，是思想由简单向复杂推进的过程。威廉·詹姆斯说道："两个智力相等的人，谁越是能思考过去的经历，并能把它们有系统地联系起来，谁就有最好的记忆力。"自觉主动记忆时空跨度大的复杂事件，并且养成习惯，会使大脑增加对此类事件的储存，而储存的复杂事件越多，就越容易记住新的复杂事件。

牛痘接种免疫法的问世就是一个时空跨度大的典型事例：天花，相传于公元1世纪传入中国，流行于15世纪至17世纪，由于16世纪上半叶发明的种痘术的普及而渐渐减少，易于感染并死于此病的仅仅是那些不愿意接受种痘的人。

预防天花的免疫法从人痘接种到牛痘接种，经历了 2 800 年的漫长历程，还跨越了国界。

早在 1000 年前，中国就有了将天花疱浆——人痘痂研成细末，吹入儿童鼻孔，使其产生免疫力以预防天花的习俗。

相传，六世班禅带着随行人员赴京参加乾隆皇帝的寿辰，在进入天花流行的地域后，乾隆皇帝为预防他们得"痘症"即天花，派太医给他们种痘。班禅一人拒绝，随行人员全部接受了种痘以增强抗天花的免疫力。1780 年 8 月 13 日，班禅与随行人员入住承德避暑山庄，数月后，班禅就因未接受种痘而感染天花病逝于北京，随行人员全部安然无恙。中国的这一做法，被从中受益的外国人于 17 世纪传入亚欧的许多国家。

人痘接种传入英国是 18 世纪的事。据说，当时是英国驻土耳其的公使蒙提格在让儿子首次接种并获得成功后，回到英国，大力宣传，广为传播。

当英国医生詹纳（Edward Jenner）知道这件事后，产生了浓厚的兴趣，并开始了扩大眼界的追踪观察。他的追踪观察结果发现：从牲畜身上染过牛痘的人对天花有免疫性。——这种现象，许多细心的医生也同样经历过，但都被漫不经心地置之脑后了。为了检验观察结果的可靠性，詹纳让自己的儿子接受实验——将猪痘接种到儿子身上，后来的事实表明儿子对天花有免疫力。詹纳在实验获得成功后，又将注意力集中到牛的身上——将牛痘接种到人身上，并于 1796 年（当时他已经 47 岁）为许多人接种牛痘，后来的事实证明，接种牛痘的人对天花有终身免疫力。

但是，当詹纳提出用接种牛痘的方法来预防天花时，却遭到了守旧者的激烈攻击和辱骂。后来，在詹纳持续近 30 年的努力倡导下，在不容置疑的事实面前，越来越多的人们开始采用接种牛痘的方法来预防天花。这一方法首先在英国推广开来，随后又反传到中国，越来越多的人从中受益。这个例子很典型，能给人以很多记忆之外的启迪。

接力发明无国界——人们应该扩大眼界，将视野定位于世界。

给予虽然无处不在，但却只有降临在既博知又有接触新事物的胆识、高度警觉且善联想想象并勇于实践的人的面前，才可能促成伟大的发现或发明。

在实践原型发明时着眼于旨在升华的再制造——对原有成分进行有创见的重组或添加新成分，会让人们的事业恒久不衰。

创造性思维指导下的学习与实践的卓有成效的结合，使得詹纳从人痘接种和猪痘接种免疫法中升华出了牛痘接种法，从根本上解除了以往"谈虎色变"的天花对易感人群的侵害，这是对全人类的卓越贡献。

可见，通过记忆时空跨度大的复杂事件，既能帮助人们丰富原有知识体系，又能在原有知识的基础上进行发散思维，获得更多启迪，对于人们客观认识世界和从整体上把握重大事件有很大的帮助。在记忆中思考具有双重作用：一是通过将新的信息与记忆中已有的经验结合起来帮助记忆；二是通过运用理性的方法整理所掌握的信息来培养创造力，如分析、综合、比较同异、抽象、概括出前所未有的新信息，或组织成全新的体系。

24. "观察—模仿—习作"记忆法

语文修养的不足令当今无数学子挠头，不少人在作文方面更是捉襟见肘。提高语文修养和作文水平的有效手段之一，就是自觉地持之以恒地运用"观察—模仿—习作"的方法。

对于学生而言，刚刚开始接触作文的时候，要自己独立完成一篇习作还是比较困难的。此时不要急于求成，应该细心观察生活中的常见事物，培养对周围事物的敏感度。同时，注意研读和揣摩习作例文，在此基础上完成一些小作文。最初模仿的成分会多一些，假以时日，才能将自己的观察结果及感受与模仿融为一体，只有在不断的模仿和习作中，逐渐摆脱简单模仿的影子，才能顺理成章地进入创作的高级阶段。

据说评话（书）艺人王绍堂播讲"武松打虎"评话（书）一举成功就得益于此法：相传猫是虎的师傅（两者同属猫科），于是他就养起猫来，一有空就观察并记忆它的动作习性，还不时地模仿动作，久而久之，形神兼备，融会贯通于播讲的评话（书）"武松打虎"中，一举成功。

25. 结合经验记忆法

为了颉颃遗忘，可将单独的需记信息与经验结合着记忆，将抽象的、难懂的、陌生的知识与非抽象的具直观性和易理解的经验结合着去记忆，让无可争辩的事实陪伴着全新的概念久居于大脑的"客房"中。

举一个简单的例子，让幼儿在识记"热"字时用手触摸装有热水的杯子，产生的识记效果要比单纯记忆单字强得多。在记忆新概念的过程中，将新概念与经验结合着记忆，将会产生记忆效率凸显的效果。

有人的经验表明，在新产品研制成功之际，记忆研制新产品的如下策略和理论信息，不但能够巩固记忆，还有利于下一个新产品的开发。在寻求产品过程中，被分解（肢解）的研究对象受到理论上无限多个不同的作用，使研究对象产生无限多个变化。经过比较和鉴别，在无限多个变化的物品表象中寻求出最理想的新品，或寻求出最佳联系的结构。在进行探索中，考虑所有的因素实际上是难以做到的。但是，考虑的因素越多，研究结果就越精确，新品的功能就越有优化的可能。实际上，已上市的产品由于局部被经优化的新品更换，或由于形式的更新而增加竞争能力，使企业扭亏为盈的事，是屡见不鲜的。

26．学用结合记忆法

学了就用。在使用的过程中择优弃劣、去伪存真、改正谬误，是让所学的知识扎根于脑中并且得到升华和形成技能（养成习惯）的最重要的举措。

18 世纪法国的卢梭以自学为主而成长为著名的文学思想家，学用结合记忆法起了不可低估的作用：学了音乐，就从事乐谱创作；学了数学，就去丈量土地；学了药物学，就给华伦夫人采药、制药；学了意大利史，就替别人当翻译，进行口译练习；白天学天文学，晚间就用望远镜观察星象……

可以说，具备记忆能力是有目的从事指向性集中的体力劳动和脑力劳动的先决条件；正确识记和准确无误地回忆是劳动的重要素质。

脑力劳动需要记忆，体力劳动需要记忆，体脑结合的劳动需要更多的记忆。记忆能够帮助人们更熟练地掌握劳动技巧，进行"熟能生巧、功能加速"的训练与劳作，生产出生活、学习、工作、娱乐所必需的物质产品和精神产品。

劳动是一切知识的源泉。没有顽强的细心的劳动，即使是有才华的人也会变成绣花枕头似的无用的玩物。记忆得益于劳动，无论是脑力劳动还是体力劳动，或者是体力与脑力结合的劳动，都能使属于心理活动范畴的记忆在思维具体化的不断实践中重复进行而得以巩固。

27．速度相适记忆法

每个人都有适合于自己的记忆速度，即习惯了的记忆速度。用习惯了的速度去记忆，能使大脑多记住些需记信息，相适的速度可使记忆效果提高，有人做过如下的心理学实验：

将受试者分为3组，每组的智力水平及学习成绩大致相同，让他们用不同时间读完同一篇材料，然后测试复述成绩，结果如下：复述意义连贯内容的得分

第一组用2分钟时间读完（63分），第二组用6分钟时间读完（95分），第三组用10分钟时间读完（52分）。

上述结果表明，记忆效果最好的是读速居中的第二组。第一组记忆速度过快，思维时间不足，对需记信息的理解不够深入，类似于生活中常说的"贪多嚼不烂"型，近40%的需记信息在大脑中犹如匆匆过客，一闪而过；第三组记忆速度过慢，思维过程中容易出现"空档"，神经系统容易出现惰性或者是注意力散向而不由自主地"开小差"；只有第二组的记忆速度既不慢也不快，有恰到好处的思维时间，对需记信息也理解得比较深透，仅仅有5%的需记信息成为大脑中的过客，其余的信息都转入长时记忆中。

所以，每位在学者都应该在记忆实践中体验摸索，找出适合于自己的记忆速度，并结合生理年龄作适当调整。

从生理学角度讲，步入中年，随着年龄的增长，须注意适当放慢记忆速度。因为脑细胞越来越少，非脑部件的衰老渐渐显现，精力不像年轻时那样充沛，生活压力与使人分心的因素也在增加。

28．辅助动作记忆法

某种适合于自己的辅助性动作，利于记忆活动的进行。

前民主德国的略泽尔感悟到：记忆中的走动可以激励接收过程，使之更加活跃，从而产生既增强接收能力又提高记忆效率的双重效应。他还在《记忆力训练》一书中向读者介绍了马克思喜欢在记忆中走动的例子：马克思的女婿写道："可以说，他在自己书房里踱步

就是在工作；只是为了把在踱步中想到的东西记录下来他才在桌前稍微坐一坐。在门与窗之间的地毯上踏出了一条痕迹，恰似穿过草地的一条小路。"心理学家弗洛伊德少年时，每当要记住拉丁文的词尾变化或希腊文法时，总是在适合于自己集中注意力的环境——圆桌和墙壁之间来回踱步，并不时地叩打着圆桌或墙壁。他认为，适合于自己的环境加上身体轻快的节奏，能在记忆时沉浸在快感中。

演讲艺术高超的西赛罗在演讲时不看讲稿，演讲前也是靠踱步来促进记忆的。

平稳的踱步，可以使记忆活动有条不紊地进行，紧要的时候更加从容不迫。世界上不少名人如贝多芬、托尔斯泰、黑格尔、蒙哥马利元帅等等，在从事创作或制定战略时，也都养成了在书房里踱步的习惯，以此来促进记忆思维活动从容不迫地进行。

29. 争论记忆法

古人也叫切磋。争论是一种有机会通过别人来修改完善或否定自己所记信息的方式。其过程就是利用回忆起来的信息组构而成的论据说明论点的论证过程。错误经不起失败，但是真理却不怕失败。

在争论过程中，争论者进行积极地思维，重要的论据和论点可能被重复多次，便在不自觉中强化了记忆效果。

如果自己提出的论据站不住脚，被对方用可信服的论据所驳倒，争论后还会因放弃自己的论点与论据而使大脑得以净化，并首次将对方正确的论点与充分的论据及顺畅达理的论证过程记入脑中，使原有的经验得以更新。

争论能形成有利于记忆的热烈气氛，这种气氛有利于散向注意力的集中和强烈神经联系的建立，还能惹起对争论问题的兴趣，也锻炼并提高了逻辑思维能力，对争论问题的记忆在大脑的两个半球协同合作中得到了强化，特别有助于事后回忆。

经验表明，对容易混淆、自己拿不准的问题，通过争论来记忆是卓有成效的；明辨是非，是争论的另一收获。3个人同时观看一个实验——"石头拴在绳子上，抓住绳子的另一头用力挥舞打圈，绳断，石头沿切线方向飞出。"然后讨论是什么力量使石头沿切线方向飞出，甲说是离心力，乙说是惯性，丙说是惯性离心力。

最终，乙用下述论据来论证使甲丙信服并放弃了各自的论点："根据牛顿第三定律，向心力和离心力是作用力与反作用力，大小相等，方向相反，作用在不同物体上。打圈时，向心力作用在石头上，离心力作用在手上，因此石头飞出肯定不是离心力的作用；根据牛顿第二定律，石头如受到惯性离心力，将产生加速度，而事实上石头并没有产生加速度，因此丙说的也是错误的；做圆周运动的石头受向心力的作用，绳子断时，石头则不受向心力的束缚（作用）。根据牛顿第一定律，石头将沿切线方向做匀速直线运动，这正是物体的'惯性'"。

显然，争论使事实更加清楚、明了了，错误也是有用的。

争论是一种特殊的回忆与出声语言相结合的重复记忆的方法。有时能使尚未扎根的记忆和欠缺自信的记忆变成确实的记忆，还可使脑贮的以往经验在争论中发展完善。记忆（过去的经验在大脑中的反映）的可变性在这里凸显出来，争论的可贵性也就在于使大脑冲出了误区，获得了自学所难觅的真知灼见。

30. 交友记忆法

顾炎武反对"独学无友"和"久处一方"。"独学无友"和"久处一方"不利于接受新的信息和记忆活动的进行，久而久之会成为"井底之蛙"。

增强记忆的灵感会在与朋友交谈的过程中无意迸发，非常难得。畏友胜于严师。交往对于有准备的头脑来说，是一种珍贵的可利用资源。

带着问题去交往，在交往中增进记忆，不但能拓宽眼界，提高处理各种问题的能力，还多记忆了很多有用的信息，并且由于其中的一部分需记内容在与朋友交谈的过程中得到解决而大大减轻了非交往时间里大脑对需记信息的记忆负担。"三人行，必有我师焉"，你的学友或其他朋友固然有不如你的地方，但也有胜过你的地方。进行有意义的思想交流，会使你多记一些有价值的信息。

英国作家萧伯纳形象地说："如果你有一个苹果，我有一个苹果，彼此交换，那么每人只有一个苹果。如果你有一种思想，我有一种思想，彼此交换，我们每个人就有了两种思想，甚至多于两种思想。"社会交往，比之与从书本上获得信息具有内容更广泛、渠道更直接、速度更迅捷等特点。随着交往范围的扩大，几十、几百乃至成千上万人交换思想，那么每个人就可能记得几十、几百乃至成千上万种思想。

若想全面地提高记忆效率，需要多选择几种适合于自己的方法去记忆，选择的记忆方法越多，运用得越合理、越科学，记忆效率越高。如果选择了两种以上的适合于自己的方法去记忆的话，就得像弹钢琴的名手那样，十指并动但有轻有重，让被选用的方法相互协同，互补增值，使记忆的效果全面凸显。如果能创造出适合于自己的记忆方法来，并且在使用中顾此不失彼，记忆潜能定会得到长足发挥。

当然要提高记忆力必不可少的自信心。日本著名心理学家多湖辉先生认为，记忆时最重要的是要有"一定记住"的自信心。如果总是觉得自己记忆力不好，就会情绪不高，造成记忆力下降。自信心可以使人精神旺盛，脑细胞的活动能力大大加强，记忆力相应提高。

要有记忆的主动性。主动性是高效学习的关键，同样是提高记忆力的关键。有了主动性就会千方百计去记忆知识。如果是被动地记忆某些东西，记忆效果就差。司机和乘客认路能力的差异就能说明主动性对记忆力的作用。司机有责任的压力，就会特别注意记忆行车路线，而乘客没有更多的压力，认路的注意力自然就差。

思想上放松。如果人处于紧张、苦恼的状态下，甲肾上腺素分泌增加，它是损害精神集中功能和记忆力的大敌，此时大脑的高级功能就不易发挥作用，就不易形成大脑皮层神经元的连接，人的记忆力就差。心平气和、思想放松、精神振作，垂体后叶分泌加压素，大脑处于最佳运动状态，人的记忆力会大大提高。

运用多种感官、多种智力。同样记忆一个知识，单纯看或听就比运用多种感官效果低得多。阅读只能记忆知识的20%，而通过多种感官就能够记忆知识的90%。大脑有7种智力，一般人平时记忆知识只用了一两种，这样记忆效果会大打折扣。应该调动起语言智力、空间智力、行动智力、音乐智力等7种智力，让它们以不同方式加强记忆，有效提高记忆效果。"奇怪性"效果。如果某材料令人感到离奇，那么就容易引起人们注意，印象深刻而很快记住。如"保定"这一城市，其歇后语是：屁股上挂手枪——保腚（定），这就很易记住了。所以，不妨将学习材料人为的加入一些新奇的、离奇的成分，就可促进记忆效果。

重组学习材料。在学习或复习时，将众多无序的材料按照需要进行必要的重新组织，变成有条理的、有一定意义的材料，如组成知识树或编成顺口溜，这就比无序材料便于记忆。

及时、有规律的复习。有规律的简单的复习，在学习上会取得惊人的进步。例如，只需花3分钟复习上课的内容，对3个小时课程内容的记忆就会加强500%。在课后马上复习所学的内容，然后在一小时、一天、一星期、一个月、两个月再进行复习，这样就可以基本上将所学知识转化为长期记忆的知识。

发挥联想作用。联想也是加强记忆的好方法。当学到新知识后，你就把新知识与已学过的相关知识进行联想比较，或是把抽象知识赋予特定的意义进行联想，或是把知识与具体事物联系起来记忆，这样的记忆效果也很高。

良好睡眠是保障。科学研究表明，睡眠是拥有良好记忆力的保障。睡眠对身体健康和头脑清醒至关重要。睡眠时也是大脑巩固长期记忆的时候，在睡眠的时候，大脑会把睡前复习的内容分类归档，大脑需一定的时间来加工处理长期记忆所需要的联想和联系。因此，保证良好的睡眠是增强记忆效果的重要条件。

大脑不能过度疲劳。大脑疲劳是大脑细胞活动过度引起的，大脑疲劳时脑细胞的活动能力也要降低，记忆力随之下降。让大脑得到充分休息，就会使记忆经常处于最佳工作状态。

第六章　学会自我调控

第一节　遵从实际，制订计划

让我们将事前的忧虑，转换为事前的思考和计划。

——温斯顿·丘吉尔

百无聊赖地坐在桌前，对着那一摞厚重的参考书、课本、习题册，呆望了一会儿，随手捡出一本习题册，从中挑出一道题，结果半个小时没做出结果，随手没好气地再把它丢到书堆中去，再捡一本……在忙乱中，时间不知不觉溜走了。这样的经历，你是否有过？

"想起什么就干什么"，"每天时间太紧了，但又不知每天忙了些什么"，这些就是学习没有计划的表现。

同学们的时间和精力都是有限的，怎样在有限的时间内，根据学习任务合理安排时间和精力，坚持紧张而有序的学习，这就要制订切实可行的学习计划。

也许有的同学提出："一些优秀生并没有制订书面的学习计划。"的确，他们没有"书面计划"，但这不等于他们没有学习计划，他们对心中学习有精细的安排，认真执行着不成文的学习计划。怎样制订学习计划？

　　学习计划一般依据自己的需要，可采取学期计划、月计划、周计划等几种形式。无论是那种形式，都要表明学习的任务，为完成任务采取的方法、措施，以及具体时间安排等。

　　学习计划要坚持从个人的实际出发，合理安排学习时间和精力。

　　学习计划要适度。目标定得太高实现不了，势必影响自己的情绪，目标太低也不利。还要坚持劳逸结合，抓紧时间，但不能打疲劳战。

　　学习计划要保证实施。制订计划只是一种形式，关键是对计划的落实，没落实等于一纸空文。要落实就要靠个人的自制力，靠自我监督、自我约束。能否真正落实，实质上是对同学们志向和毅力的考验。当然，根据具体情况的变化，恰当地调整计划也是必要的，但最终以学习不断有进步为着眼点。

第二节　自我调控，适应老师

　　随着年级的上升，学习却变得越来越困难，原因就在于掌握知识与智力发展之间常常脱节。

——苏霍姆林斯基

　　"我学习很努力，为什么我的成绩总是不理想？"一些同学为此很困惑。这到底是为什么？其实，是否善于适时对学习行为进行调控，是不可小视的因素。现实学习生活中，同学们都在思考怎样分析理解知识，怎样解答试题。但个人分析理解知识的方法是否正确，解答试题的思路、方法是否对头，这些对思考本身的思考，一些同学却忽视了。这恐怕也是学习成绩优秀与否的原因之一吧。

学习优秀者对自己各学科知识的掌握情况，对自己的各种能力都有清楚的认识；为完成各种学习任务，会认真思考采取什么样策略；能通过反思听课、练习、考试等学习行为，发现学习方法、思维方法的不足，及时调整个人的学习行为，以尽量少的消耗实现最高的效率。

相反，一些同学对自己知识、能力水平没有清楚的了解；不用心研究学习方法，认为"水大泡倒墙"；不善于反思自己的学习行为，不能适时调整自己不当的学习策略，坚持"一条路走到底"；到升学考试分数下来大失所望，可怜的分数对不起自己所下的工夫，好像不知让谁"狠狠地宰了一刀"。

所有这些，可以看出是否善于进行学习的自我调控，对学习起到举足轻重的作用。为了实现高效率学习，就要静下心来分析自己学习能力、学习策略方面的情况。监控自己的学习过程，反思自己的学习行为，适时发现问题并进行有效的自我调控。

学习的自我调控有多方面表现，其中主要有：

1. 学习计划的调整。学习有无计划，计划是否科学，计划能否适时调整，是自我调控的重要方面。人的时间和精力是有限的，要在有限的时间内获取更多知识，必须制订合理的学习计划。同时随着学习情况的变化，适时调整学习计划，以全面发展学科知识和能力。如果学习无计划，或是轻视对不合时宜的计划进行调整，学习必然是无轻重缓急，盲目乱抓，顾此失彼。

2. 学习策略的调整。学习策略包括学习重点的安排、学习精力的投入、考试策略的研究等等。这些要根据学习任务的变化和实际情况及时调整。比如，高中数学成绩不佳，就要在数学上多下些工夫。再如，考试之后及时分析考试策略，适时调整不当做法。

3. 学习方法的改进。有的同学认为"只要功夫深，铁棒磨成针"，这是片面的。随着年级升高和学习难度的加深，必须不断改进学习方法，探求新的高效的学习方法。学习方法的一个重要方面是思维方法，中学阶段，特别是高中阶段，必须不断地研究新的思维方法，以适应高中阶段知识的学习。

4. 学习错误的纠正。"人非圣贤，孰能无过。"学习过程也是一个不断发现错误、纠正错误的过程。同学们或多或少都会存在着学习方面的不当做法。例如，忽视审题、解题步骤不规范等方法上的错误；盲目攀比成绩等思想方法的错误；思考问题片面性、直线化等思维方法上的错误。注重发现并纠正自己的错误，也是自我调控的重要方面。忽视反思错误，自以为是、固执己见，那是要受惩罚的。

5. 学习情绪的调整。学习情绪直接影响学习的效果。学习生活中，种种原因总会影响情绪，这就要善于调整自己的情绪，始终保持乐观、稳定的心情。不能心血来潮就努力学习，情绪低落就懒得读书，这种情绪化做法已经使许多同学吃了大亏。

6. 学习干扰的排除。人并非生活在真空，学习生活中出现一些干扰是难免的，这些干扰处理不当都会影响学习。采取恰当方法摆脱干扰，保证思想和精力的高度集中，这也是自我调控不可忽视的内容。被干扰纠缠，贻误前程者大有人在。

7. 学习精力的保持。没有健壮的身体和充沛的精力，就不可能很好学习。珍惜时间和锻炼身体，两者都不可忽视。珍惜时间并不排斥锻炼身体，怕耽误时间打消耗战，其结果必然是疲惫不堪，学习效率大幅下降，所以必须在这方面把握好。在珍惜时间的前提下注意锻炼身体，以达到精力充沛、思维敏捷、提高效率的目的。

学习的自我调控，还包括要学会适应不同的老师。

文人墨客赞扬柳树，因为它无论在多雨的南方，还是在干旱的北方，都能茁壮生长；人们也歌颂青松，因为它无论是在松软的泥土中，还是在悬崖峭壁的石缝中，都能傲然屹立、郁郁葱葱。柳树、青松超强的适应能力为人们所赞颂。

同学们对不同的学校、不同的老师也有一个适应问题。由于人口流动、升学或是升到高年级更换老师，都有一些同学因不适应新的老师而陷入苦恼之中。

起初不适应新任教老师的教学特点，这是可以理解的。不同学校有不同的环境，不同老师有各异的教学风格，这就要求同学们要学会适应不同的老师。倘若你因为不适应老师的教学风格而苦恼，严重影响学习，或是从个人的习惯和愿望出发去要求老师，对适应的老师教的学科就好好学，对不适应的老师教的学科就反感，"不给他学"，到头来吃亏的是谁？

教育事业的发展逐步允许学生选择老师，但现在还达不到这个条件，要客观条件去符合自己的主观要求，那是一厢情愿的。凭自己的好恶选择教师，要老师完全适应自己的要求，那是不切实际的。

从教学风格讲，有的老师善于启发思考，有的长于口头表达，有的巧于旁征博引；有的严谨，有的宽容，各有特色。教师的性格、习惯、教学特点也是他们在教学实践中形成的，要轻易改变是不现实的。自然界中是适者生存，同学们也要学会适应各种特点的老师，谁适应能力强，谁就会很快地进步。

适应是一种能力。适应不同特点的老师，也是对自己适应能力的锻炼。无论是将来上大学还是到工作岗位，都会存在对环境、生活条件、不同性格的人，甚至是语言、饮食的适应问题。无数事实都已充分证明，对新学习、工作环境的不适应，哪怕是饮食这样小的方面不适应，都会带来诸多不便，都会给学习、工作带来不必要的损失。

同学们应当研究不同风格老师的教学特色，以不同的方式来适应不同特色的老师。当然还可以向老师提出一些改进建议，善意地对老师提出要求，老师还是欢迎的。只有师生之间相互适应、相互理解、相互支持，才更有利于教与学。

第三节　提高效能，注重反思

信心是家中隐藏着的资本。

——歌德

古时四川有两个僧人，一贫一富。一天，贫僧人对富僧人说："我要去南海拜观音，行不行？"富僧人说："南海路途遥远，与四川隔着千山万水，你靠什么去那遥远的地方？"贫僧人回答说："我就靠一个盛水的瓶、一个化缘的钵。"富僧人吃惊地问："我多年来要买船去南海，都没有成行，你就靠一瓶一钵能行吗？"三年后，贫僧游南海归来，富僧人十分惭愧。

这一故事说明，不同人的有不同自我效能感。人掌握了相应的知识和技能之后，并不一定去从事某种活动，因为要受自我效能感的调节。

同学们学习也是如此。取得好成绩是每位同学的愿望，有较高自我效能感的同学，他们的口头禅是"我就不信我不能拿到好成绩。"有的同学缺乏自信心，对取得好成绩望而生畏，学习成绩止步不前。有了相应的知识、技能，自我效能感高低就成了行为的决定因素。

自我效能感的高与低是怎样形成的？

1. 个人成功和失败的经验。成功的经验使人看到自己的能力，提高自我效能感，增强行动的自信心；反之，多次失败会降低自我效能感。

2. 替代性经验。看到和自己相近的人成功，就能提高自我效能感，有实现同样目标的信心；看到和自己相近的人失败，会降低自我效能感。

3. 他人的评价和态度。人们关于自我的观念，很大程度上职决于周围人对自己的评价。他人肯定的评价有利于自我效能感提高，他人否定的评价会降低自我效能感。

4. 个人的情绪和生理状态。人在情绪良好且身强力壮时，就有较高的自我效能感，情绪低落身体不佳就会制约自我效能感。

怎样提高自我效能感，以实现自己的目标？

巧于归因。人们活动的成败，除能力因素外，一些非能力因素，如任务的难度、个人努力的程度、客观条件都会影响活动的结果。对结果要巧于归因，不要过多指责自己能力不行，多从客观分析，从如何改变结果分析，会逐步提高自我效能感。

从实际出发。个人活动目标要适当放低，积小胜为大胜，标准降低些，成功几率就大，从中看到自己的能力，提高自我效能感。

正确对待替代性经验。对待他人的经验，特别是水平相近人的失败和成功，善于从其失败中找出成功的因素，从他人的成功中看到自己的能力和希望。

发现自己。人们常说有伯乐才会有千里马，其实多数成才者并非有"伯乐"的发现，而是自己发现自己，他们扬长避短，所以成功了。每个人都有亟待开发的"金矿"，问题在于把"金矿"开发出来，还是长期被埋没。每个同学都有自己成功的地方，比如某科考试成绩进步了 10~20 分，这说明所缺乏的不是能力，而是缺乏发现自己。发现自己，这是提高自我效能感，不断地走向进步的前提。

提高自我效能感，并以顽强的毅力去拼搏，就一定会实现自己的愿望。

磨刀不误砍柴工。

——中国谚语

从前，一位农民在收割水稻。一位邻居看到他由于镰刀钝干活非常吃力的样子，就劝他说："你割稻那么吃力，为什么不去磨一磨镰刀呢？"那个农民回答说："我正忙着割水稻，哪有时间去磨镰刀？"邻居苦笑着走开了。

这个小故事告诉我们，办任何事不要只是苦干，要善于反思自己的行为，找出更好的方法，才会有高的效率。正所谓"磨刀不误砍柴工"，注重反思是提高学习效率不可轻视的途径。学习要注重反思，所谓对学习的反思，是对自己学习行为的思考，即完成某学习任务之后，回过头来思考自己做法有哪些是正确的，要继续发扬光大，哪些不当的地方需要改进。比如，做题的思路是否恰当，有没有更好的思路。

这种反思不同于学习知识时的思考，不同于做练习或考试答题时的思考，而是对自己思考行为的思考。这种反思之所以必要，就在于它实质上是对自己学习行为的认识过程，是对学习行为的监视和调控过程，是不断提高的过程。不同的同学在这方面的做法是大相径庭的。

优秀学习者不仅"苦干",更会"巧干"；他们不仅就完成学习任务认真思考如何采取有效策略，更注意反思自己的做法是否恰当，并能及时对不当之处加以调整，所以他们的学习能以尽量少的消耗实现最高的效率。

相反，一些同学却是只知埋头下工夫，认为"水大泡倒墙"，"只要功夫深，铁棒磨成针"，却忽视了"事在人为，路在人走"。他们很少考虑学习方法、策略，学习之后更不去反思自己的学习行为，就是考试出现大失误，也不善于思考问题的根源。他们每天忙得不可开交，但无多大收获，却不知改进方法，坚持"一条黑道走到底"。这无疑就造成耗时费力、成效甚低的结果。到头来只能是升学考试分数下来大失所望，可怜的分数对不起自己所下的工夫。

做好任何事情，单有热情是不行的，还要不断地探索科学方法，不断地发现行动中的失误，不断地调整自己的行为。辩证唯物主义认识论认为，人们行动的成功程度，取决于人们发挥主观能动性和利用规律的程度。我们提出学习要注重反思，就是要不断地通过反思，认识和运用学习的规律，以达到事半功倍的效果。

学习的反思表现在学习的各个环节中，其主要表现为：

学习方法的反思。如，平时学习是否善于独立思考，解答试题的思路和步骤是否正确。

学习习惯的反思。比如，上课是否专注，做作业是否认真求实，知识没理解是否进一步研究。

学习计划安排的反思。例如，学习计划是否符合个人的实际，计划安排是否真正落实，并能否根据学习实际情况恰当调整计划。

复习方法的反思。譬如，复习中能否通过知识的深层理解和扩展，加深对知识的理解；考前复习能否具体分析个人强弱科，以此实现抓住重点又统筹兼顾。

考试方法的反思。例如，考试的心理状态如何，考试的时间安排是否恰当，考试策略是否得当。

通过反思，总结高效学习的经验，继续坚持发扬；发现不当的做法，及时加以纠正。忽视反思，就不能总结经验，就不能及时纠正失误，这会严重制约学习效率的提高，是得不偿失的做法。